L'art italien
Citadelles & Mazenod
Les clés du royaume
A. J. Cronin
Jane Eyre
Patrice Romedenne
... et un et deux et trois zéro...
Voyages extraordinaires par Jules Verne
De la Terre à la Lune
Autour de la Lune
Alberto Manguel
Une histoire de la lecture
Actes Sud
Hiroshige
Paysages célèbres des soixante provinces du Japon
Hazan
Adolphe Joanne
Itinéraire de l'Allemagne du Sud
L. Hachette et Cie
250 Nouvelles recettes de cuisine
Prix 50 Centimes
Blaise Cendrars
Du monde
André Gide
Les Nourritures terrestres
& les Nouvelles nourritures
avec douze aquarelles de Raoul Dufy
nrf
Le rayon d'or
Le Tour de la France par deux enfants
Cours moyen
par G. Bruno

L'HOMME QUI PRENAIT
SA FEMME
POUR UN CHAPEAU

CONTES ET LÉGENDES DE CHINE

GISÈLE VALLEREY

Raymond Guérin
La Peau dure

L'univers poétique de
Vilhelm Hammershøi
1864 - 1916

FABLES de Jean de la Fontaine

GÉOGRAPHIE
LES GRANDS ATLAS UNIVERSALIS

LA BLONDE AU COIN DE LA RUE
DAVID GOODIS

BOURRU L'OURS BRUN
CASTOR

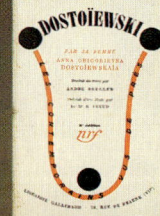

| VERCORS

LE SILENCE
DE LA MER | L. SIMONIN
L'OR ET L'ARGENT

BIBLIOTHÈQUE
DES MERVEILLES

HACHETTE ET Cⁱᵉ
PARIS | ERNEST RENAN

VIE
DE JÉSUS | LITTÉRATURE | Les couleurs de la France
Maisons et paysages |

31
Décembre
C'est le

nrf
PEINTRES ALLEMANDS
KLEE
par RENÉ CREVEL

Le sens caché des fleurs
Symbolique & botanique
dans la peinture
du XVIIe siècle

PARIS
BERLIN
art
architecture
graphisme
littérature
objets industriels
cinéma
théâtre
musique
rapports et contrastes
france-allemagne
1900-1933

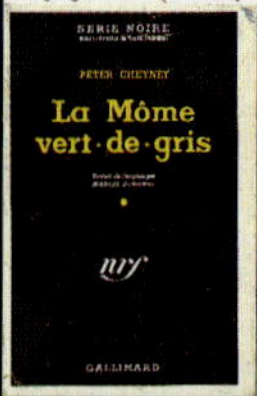
SÉRIE NOIRE
PETER CHEYNEY
La Môme
vert-de-gris
nrf
GALLIMARD

MACAO
ET
COSMAGE
OU
L'EXPERIENCE
DU BONHEUR
PAR
EDY. LEGRAND
AUX EDITIONS DE LA
NOUVELLE REVUE FRANÇAISE
PARIS

LA NOUVELLE
REVUE FRANÇAISE

SOMMAIRE

| Le couple | L'Homme Invisible | LES ÉTAPES DE LA BIOLOGIE | Pêcheur d'Islande | l'habitude d'amour | Mary Higgins Clark — TU M'APPARTIENS |

RENÉ CHAR

TRAVERSE

LE SOLITAIRE
DES ARDENNES,
ANECDOTE INTÉRESSANTE.

A CAEN,
De l'Imprimerie de F. CHALOPIN,
rue Froide-Rue.
1810.

Bruno Blasselle est conservateur général des bibliothèques. Après avoir été directeur du département des Livres imprimés de la Bibliothèque nationale et directeur du département Littérature et Art de la BnF-Tolbiac, il est depuis septembre 1998 à la tête de la bibliothèque de l'Arsenal. Il a déjà publié dans la collection «Découvertes Gallimard» le premier tome de *L'histoire du livre* (1997) et, en collaboration avec Jacqueline Melet-Sanson, *La Bibliothèque nationale de France, mémoire de l'avenir* (rééd. 1998). Il est par ailleurs l'auteur des *Chemins de rencontre, l'Europe avant la lettre* (BNF, 1993) et du «Que sais-je ?» sur la *Bibliothèque nationale* (1989).

Tous droits de traduction et d'adaptation réservés pour tous pays
© Gallimard 1998

Dépôt légal : octobre 1998
Numéro d'édition : 74986
ISBN : 2-07-053364-6
Imprimerie Kapp Lahure Jombart, à Evreux

LE TRIOMPHE DE L'ÉDITION
HISTOIRE DU LIVRE
VOLUME II

Bruno Blasselle

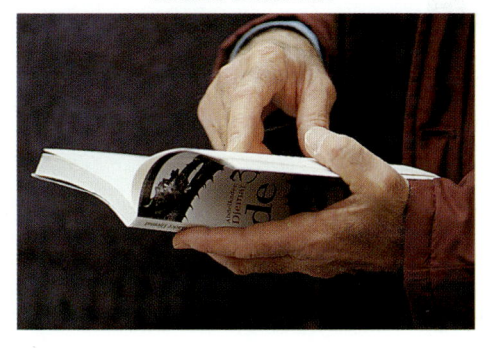

DÉCOUVERTES GALLIMARD
HISTOIRE

12

Le monde agrandi et démultiplié du livre connaît au XIXe siècle son premier bouleversement depuis Gutenberg. L'élargissement rapide des marchés, conjugué avec la mécanisation des techniques, entraîne une modification totale de ses modes de production et affecte jusqu'à sa forme.

CHAPITRE PREMIER
UN SIÈCLE DE TRANSFORMATIONS

Grâce à la généralisation de l'enseignement primaire au cours du XIXe siècle, l'ensemble de la société française accède à la lecture. Si le livre imprimé, sous les formes les plus diverses, triomphe, les bibliothèques ne parviennent pas encore à réaliser leur volonté clairement affirmée : le mettre à la disposition de tous.

Tout le monde saura lire

Le XIXe siècle est celui de l'alphabétisation des petits Français. La loi Guizot (1833) installe une école primaire par commune; puis la loi Falloux (1850) favorise la création de nombreux collèges d'enseignement libre. Cette politique, poursuivie sous le Second Empire par Victor Duruy, est parachevée sous la IIIe République par Jules Ferry, qui instaure l'obligation et la gratuité de l'enseignement primaire. Au début du XXe siècle, le taux de scolarisation approche les 100 %. Dans ce système éducatif, le livre occupe la première place, confirmée par un décret de 1890 qui en rend l'usage obligatoire.

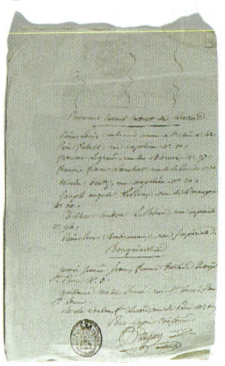

L'instruction bénéficie d'un prestige particulier : c'est elle qui donne au suffrage universel toute sa signification et apporte à une classe ouvrière toujours plus nombreuse l'espoir d'échapper à sa rude condition. Un courant de méfiance vis-à-vis de la lecture, encore considérée comme synonyme d'oisiveté, subsiste cependant dans certains milieux. Tout le monde ne lit pas encore.

L'instruction obligatoire pour tous nécessitera une véritable révolution dans les mentalités. Dans les campagnes, elle est encore souvent considérée comme inutile. Ainsi, à l'époque de la Restauration, le père Sorel, dans *Le Rouge et le Noir*, surprend son fils en train de lire : il «eût peut-être pardonné à Julien sa taille mince, peu propre aux travaux de force, et si différente de celle de ses aînés; mais cette manie de lecture lui était odieuse, il ne savait pas lire lui-même». Dans les villes, les métiers du livre continueront longtemps d'être recensés, surveillés et encadrés. A gauche, un état des imprimeurs, marchands d'estampes, colporteurs de la municipalité de Versailles sous l'Empire.

Le livre dans la ville

Partout dans l'Europe industrielle, l'urbanisation gagne du terrain. En France, la population des villes passe au cours du siècle de 16 à 36 %. Or, bien plus que la campagne, le monde urbain aiguise l'appétit de lecture. Difficile d'y survivre sans savoir lire, car les sollicitations sont sans cesse plus fréquentes et variées (journaux, affiches, tracts, canards vendus à la criée ou même formulaires administratifs).

Les cabinets de lecture, apparus à la fin de l'Ancien Régime, sont à leur apogée sous la Restauration et la monarchie de Juillet. Souvent couplés avec un autre

À la veille de la Révolution, 37 % des époux seulement sont capables de signer leur acte de mariage les hommes plus que les femmes, et avec de fortes disparités régionales. Un siècle plus tard, le taux de scolarisation approche les 100 % pour les deux sexes. Une évolution analogue touche l'enseignement secondaire et l'université. L'impact de la loi de 1833 et de celles qui l'ont suivie ne concerne pas seulement le simple apprentissage de la lecture. C'est aussi l'extension du cursus scolaire à l'ensemble de la jeunesse, la généralisation d'un enseignement différencié selon les âges et les niveaux, et donc d'un matériel pédagogique, surtout livresque, adapté.

commerce – pas toujours une librairie –, ces établissements sont tenus par des gens de condition modeste qui ont en principe dû demander une autorisation. Ils offrent, à un tarif relativement peu élevé, livres et journaux à lire sur place ou à emporter. Quelques-uns disposent d'un choix important de plusieurs milliers, voire de dizaines de milliers d'ouvrages, où

16 UN SIÈCLE DE TRANSFORMATIONS

les romans occupent une bonne place. Largement ouverts, proposant diverses formules d'abonnement, permettant de consulter les journaux récents ou de lire la littérature à la mode, ils sont des lieux non seulement de lecture mais aussi de sociabilité, à l'image du café ou du club. Rien qu'à Paris, près de 500 fonctionnent pendant la Restauration.

Dans la seconde moitié du siècle, la baisse du prix du livre et des journaux, l'apparition du feuilleton, le développement des librairies, des bibliothèques populaires et, dans les dernières décennies, des bibliothèques publiques les condamnent au déclin. Ils sont encore 129 dans la capitale en 1875 et seulement 36 en 1910.

Le déclin du colportage

Le colporteur, figure familière du monde rural au début du siècle, continue de transporter, dans sa hotte remplie d'objets divers, les petits livrets de la Bibliothèque bleue que réimpriment inlassablement quelques éditeurs spécialisés, souvent provinciaux.

Comme sous l'Ancien Régime, c'est d'abord grâce au colporteur (ci-dessus) que l'imprimé parvient dans les milieux ruraux. Avant 1860, des millions de volumes sont diffusés chaque année. Le déclin du colportage, causé par la concurrence de la presse à bon marché, va être précipité par une réglementation de plus en plus sévère : en 1849, instauration de l'autorisation préalable et, en 1852, création de l'estampille bleue, qui doit être apposée sur tous les ouvrages vendus de cette façon.

L'imagerie y tient également une place de choix, souvent publiée par de grandes maisons sises dans l'est de la France, telles Pellerin à Epinal, Wentzel à Wissembourg ou Gangel à Metz. Après 1850, le contenu de son panier se modifie, privilégiant les romans populaires, sentimentaux ou mélodramatiques. Mais, soupçonné, comme durant l'Ancien Régime, de répandre des images et des livres subversifs ou contraires à la morale, le colporteur fait l'objet d'une surveillance assidue. Sous le Second Empire, tous les ouvrages qu'il diffuse doivent porter, en page de titre, une estampille bleue apposée dans les préfectures! Sont écartés «les ouvrages blessants pour les mœurs, injurieux pour la religion et ses respectables ministres, mensongers envers l'histoire».

Le déclin du colportage, concurrencé sur divers fronts par le journal, le roman feuilleton, les bibliothèques scolaires, le chemin de fer et les services postaux, est déjà très net alors, le nombre de volumes ainsi diffusés passant de 9 à 2 millions. Il se poursuit sous la IIIe République. L'imagerie populaire, désormais en couleurs, résistera plus longtemps, annonçant le triomphe ultérieur de la bande dessinée.

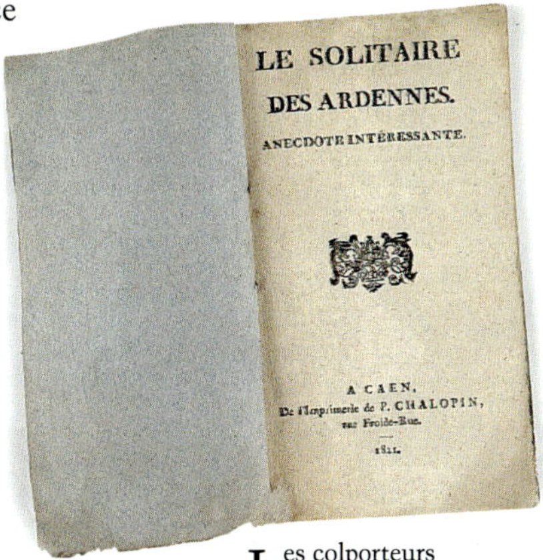

Bibliothèques populaires

En retard sur ses équivalents anglais ou allemands, la bibliothèque municipale reste longtemps en France

Les colporteurs diffusent images, petits livres et almanachs. La maison Pellerin à Epinal tient la première place, offrant une production des plus variées : images de piété, d'actualité politique ou de l'épopée napoléonienne. Elle s'adresse très souvent au public enfantin (en haut, *Le Véritable Croquemitaine*). La littérature diffusée par colportage reprend des thèmes hérités de la Bibliothèque bleue (ci-dessus). Elle se renouvellera après 1840 en tentant d'adapter des romans plus récents.

Le développement de la lecture publique est des plus timides au XIXe siècle. Abritée dans des locaux qui n'ont pas été bâtis pour elle, chichement ouverte, dotée d'un maigre budget, la bibliothèque municipale ne contient un lieu confiné, dont les fonds hérités des confiscations révolutionnaires conviennent plus à l'érudit qu'à l'amateur de romans ou qu'au scientifique cherchant à mettre à jour ses connaissances. L'amélioration n'intervient que tardivement. Elle est précédée dans les années 1860 par le développement des bibliothèques populaires, souvent d'initiative privée, dont le but avoué est de faciliter par le livre l'instruction des classes laborieuses. Il s'agit également pour leurs partisans de proposer des «bons livres», d'une moralité ou d'une qualité supérieure à ceux diffusés par colportage.

L'exemple de la Société Franklin, créée en 1862, est significatif. Elle se charge d'aider les particuliers souvent que des fonds vieillis, dont sont absents les ouvrages scientifiques et techniques. Les livres ne sont jamais en accès libre, mais délivrés seulement par l'intermédiaire du bibliothécaire. Pour l'habitant des campagnes, elle reste un lieu lointain et intimidant. La situation s'améliore à la fin du siècle (ci-dessus, la bibliothèque publique de La Villette en 1875).

qui veulent établir une bibliothèque en leur fournissant les instructions nécessaires, tant du point de vue de l'organisation que des livres à acquérir, obtenant même des remises de la part des éditeurs.

Souvent installées dans les écoles ou les mairies, gratuites ou très peu coûteuses, ouvertes en soirée pour toucher le public populaire, ces bibliothèques sont destinées au prêt plus qu'à la lecture sur place. Leur fonds est d'abord constitué de romans et de livres d'aventures, mais aussi d'ouvrages techniques ou pratiques.

Le papier en révolution

Si le livre devient beaucoup moins rare, c'est aussi parce que les conditions de sa fabrication en font un objet différent. Pas une étape qui ne soit concernée par un bouleversement technique, à l'image de ce qui se passe dans l'ensemble du monde industriel. Fini l'atelier d'imprimerie resté presque inchangé depuis Gutenberg, voici venue l'ère de la production massive, où triomphent sans partage le papier et l'imprimé, l'image et le journal.

Le papier est encore, au début du XIXe siècle, fabriqué feuille à feuille. Les recherches pour produire plus rapidement, à partir d'une matière première plus abondante que la chiffe, rencontrent un premier succès avec l'invention de Louis Nicolas Robert, employé de Didot à la papeterie d'Essonnes. Sa découverte, en 1798, de la technique du papier en continu, exploitée d'abord en Angleterre puis en France à partir de 1816, inaugure la mécanisation de cette industrie. Après des essais menés à partir de la paille, le procédé de la pâte de bois s'impose dans

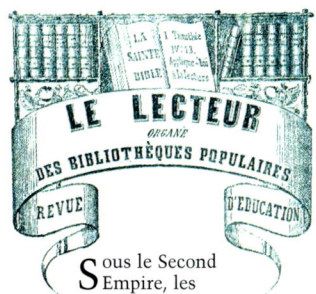

Sous le Second Empire, les pouvoirs publics favorisent les bibliothèques scolaires, qui passent de 580 en 1863 à 13 000 en 1871. Des associations de propagande, d'initiative privée, développent les bibliothèques populaires. Entre 1862 et 1864, le pasteur Brétégnier publie, à Montbéliard, un bulletin (ci-dessus) destiné aux bibliothèques paroissiales protestantes. La Société Franklin, fondée en 1862 avec le soutien de personnalités politiques et universitaires, diffuse instructions, listes de livres recommandés, et un bulletin qui instaure un véritable lien entre les bibliothèques (ci-dessous).

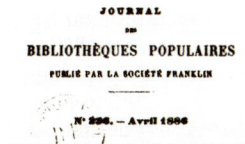

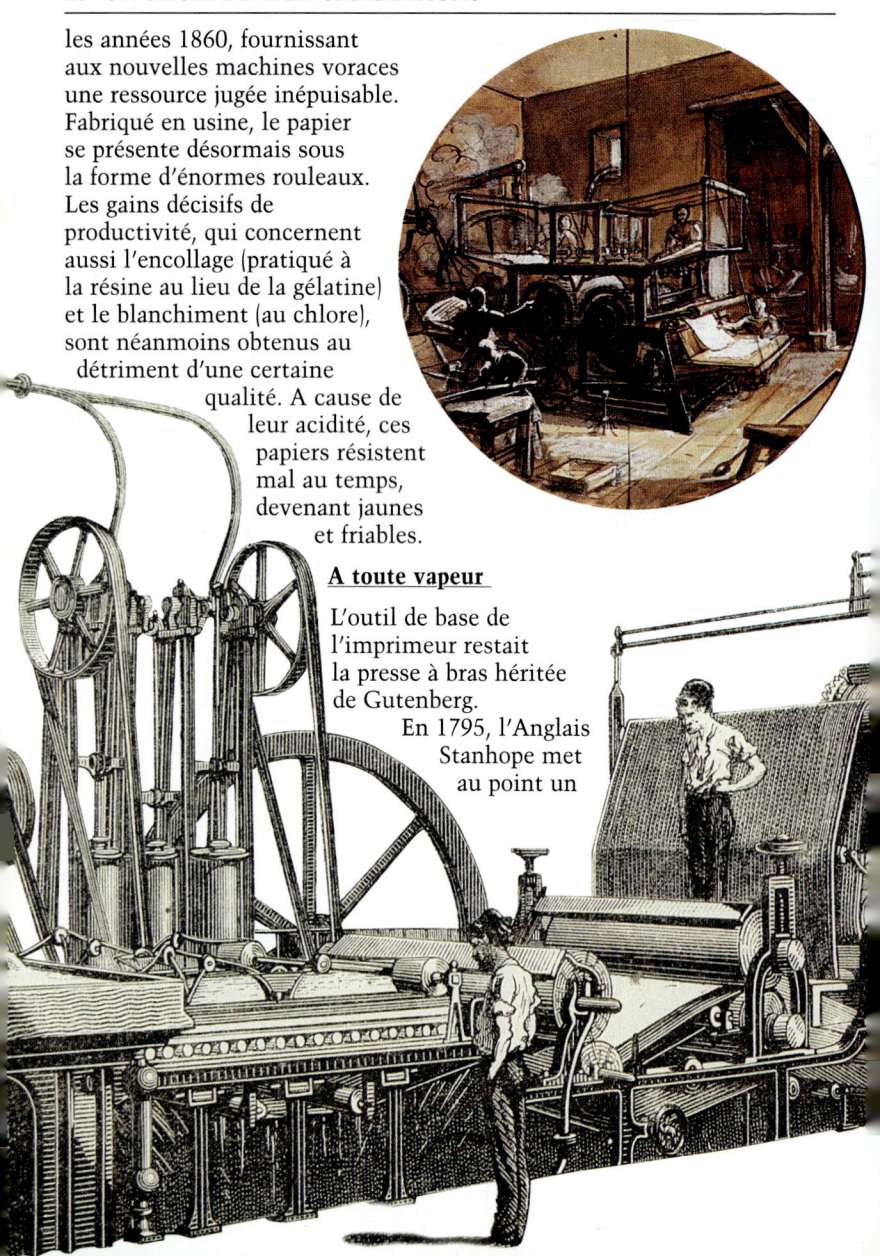

les années 1860, fournissant
aux nouvelles machines voraces
une ressource jugée inépuisable.
Fabriqué en usine, le papier
se présente désormais sous
la forme d'énormes rouleaux.
Les gains décisifs de
productivité, qui concernent
aussi l'encollage (pratiqué à
la résine au lieu de la gélatine)
et le blanchiment (au chlore),
sont néanmoins obtenus au
détriment d'une certaine
qualité. A cause de
leur acidité, ces
papiers résistent
mal au temps,
devenant jaunes
et friables.

A toute vapeur

L'outil de base de
l'imprimeur restait
la presse à bras héritée
de Gutenberg.
En 1795, l'Anglais
Stanhope met
au point un

outil métallique, entièrement en fonte, au rendement plus élevé. Peu après, l'Allemand Frédéric König invente un système d'encrage par rouleaux, puis réussit la mécanisation complète du processus d'impression, couplé avec une machine à vapeur.

Le 29 novembre 1814, sort le premier numéro du *Times* imprimé industriellement. Les premières presses mécaniques sont installées en France en 1823; elles se généralisent lentement, tandis que subsistent longtemps les petits ateliers utilisant des presses manuelles.

La recherche d'une meilleure productivité entraîne d'incessantes améliorations de la composition qui reste néanmoins faite à la main. La fin du XVIIIe siècle a vu se généraliser l'utilisation de la stéréotypie, procédé qui consiste à prendre le moulage de la forme typographique et autorise l'imprimeur à refaire un tirage dès que le premier est épuisé, sans avoir à supporter les frais d'une nouvelle composition.

Radicalement transformée dans la totalité de ses étapes, la production du papier progresse vite. L'usage du papier s'intensifie, se banalise : papiers peints, papiers d'emballage, cartes postales, cols de chemises, cahiers d'écoliers, archives, etc., sans oublier les administrations toujours très voraces. La demande vient surtout de l'édition et plus encore de la presse. La menace de pénurie de matière première, la chiffe, a disparu. Fondée sur la pâte de bois, mécanisée d'un bout à l'autre de la chaîne, la production devient le fait de machines immenses (ci-contre). Cette évolution s'assortit d'une concentration entre les mains de quelques grandes entreprises, comme Montgolfier à Annonay, tandis que subsiste encore une production artisanale. La même évolution se produit dans l'imprimerie, où la mécanisation permet d'augmenter de façon spectaculaire le rythme de travail (page de gauche, une presse mécanique actionnée à la vapeur).

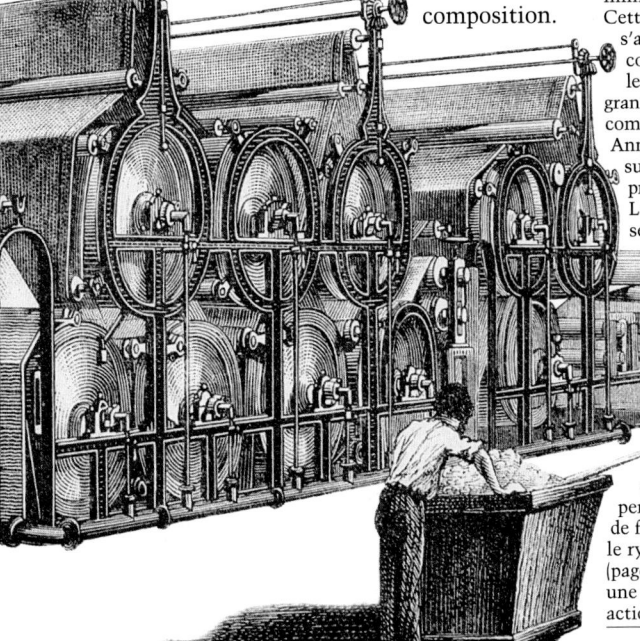

La pierre et l'acier au service de l'image

Vers 1798, l'Allemand Aloys Senefelder invente la lithographie, qui utilise le principe de l'impression à plat (contrairement aux techniques de gravure en creux ou en relief alors en usage) et tire son nom de la pierre (*lithos* en grec) sur laquelle le dessin est exécuté. Autorisant un tracé plus libre, rapide, fin et nuancé, elle connaît un immense succès à l'époque romantique et reçoit des applications variées : travaux de ville ou administratifs, étiquettes, cartes géographiques, images pieuses, cartonnages, etc. Dans le domaine du livre, où elle est condamnée à rester en hors-texte, elle apparaît pour la première fois dans un ouvrage français en 1807. Elle sert d'emblée à illustrer des albums, comme les célèbres *Voyages pittoresques et romantiques dans l'ancienne France* de Taylor et Nodier, publiés de 1828 à 1878 et comportant

La lithographie est ressentie comme un moyen pour le peintre de reproduire ses œuvres originales en autant d'exemplaires que nécessaire (ci-dessous, presse lithographique, vers 1860).

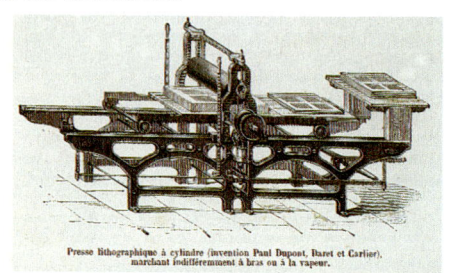

Presse lithographique à cylindre (invention Paul Dupont, Baret et Carlier), marchant indifféremment à bras ou à la vapeur.

Dans *Les Français peints par eux-mêmes*, publié en 1840-1842 et consacré à l'étude de types sociaux contemporains, l'éditeur Léon Curmer a utilisé la gravure sur bois, faisant appel à une pléiade d'auteurs en vogue (dont Nodier, Balzac, Gautier) et à des artistes en renom comme Grandville, Johannot ou Gavarni (ci-contre). C'est un bon exemple de l'évolution de la mise en page dans le livre romantique, et de la place nouvelle accordée à l'image, qu'il s'agisse de vignette, de lettrine, ou d'illustration en pleine page.

Utilisée souvent dans la presse au service de la caricature, comme par exemple dans *Le Charivari*, la lithographie donne à l'imagerie un développement considérable qui assurera la renommée d'éditeurs spécialisés tels que Lemercier. Mais elle est également présente dans le livre. Delacroix s'en est fréquemment servi, comme animalier ou portraitiste. Mais c'est dans l'illustration d'œuvres littéraires qu'il donne le meilleur de son talent, par exemple dans le *Faust* de Goethe (1826) ou dans *Hamlet* (page de gauche, une lithographie et sa pierre, représentant Hamlet dans la fosse d'Ophélie, vers 1860).

près de 3 000 planches. D'exécution rapide, elle sera utilisée par des peintres comme Goya ou Delacroix et bien d'autres par la suite, mais plus encore par les affichistes comme Toulouse-Lautrec. Dans la presse, on la remarque quand est créé *Le Charivari*, premier quotidien illustré français (1832). Idéale pour la production d'estampes populaires en feuilles, elle fera le bonheur de polémistes ou caricaturistes comme Gavarni, Grandville ou Daumier qui lui conféreront ses lettres de noblesse.

Une Rue à Auray
Bretagne

«VOYAGES DANS L'ANCIENNE FRANCE» 25

Les *Voyages dans l'ancienne France* de Taylor et Nodier constituent l'un des monuments de l'histoire du livre. Non seulement parce qu'ils illustrent la naissance d'une passion nouvelle pour l'archéologie, les monuments anciens et le pittoresque, qui ne cessera de s'amplifier au cours du siècle, en offrant une étonnante documentation sur la France de l'époque – paysages, antiquités, châteaux, églises, villes et villages –, mais aussi parce qu'on y trouve le premier emploi à grande échelle de la lithographie. Le baron Taylor est à l'origine de cette œuvre gigantesque en vingt-huit volumes, pour laquelle il fait appel à l'atelier typographique d'Engelmann et aux meilleurs artistes de la nouvelle technique : parmi eux Daguerre, qui inventera plus tard le daguerréotype, le père et le fils Isabey, Bonington... D'autres livres importants suivront, comme le *Faust* de Goethe, illustré par Delacroix. La lithographie donne une nouvelle liberté aux artistes, qui n'ont plus désormais besoin de l'intermédiaire d'un graveur pour voir leur œuvre reproduite. A gauche, une rue à Auray et ci-contre, de haut en bas, les alignements de Carnac, le château de Suscinio et le dolmen de Saint-Pierre près de Locmariaquer.

La gravure sur bois s'étale dans une grande diversité de livres. La vogue des *keepsakes* (ci-dessous) à l'époque romantique ne dura guère plus d'une quinzaine d'années. L'art de Gustave Doré se situe dans un registre très différent. Doué d'un grand sens de l'observation et d'une imagination fertile, il débute très jeune, publiant à quinze ans son premier album. Il collabore à de nombreux journaux pour lesquels il est un reporter actif. Son premier vrai succès est une édition populaire de *Gargantua* (1854), coup d'envoi d'une abondante production. Il illustre auteurs anciens (Cervantès, Dante)

Le livre profite plus d'un autre procédé qui gagne du terrain au même moment, la gravure sur acier. Plus résistantes que celles en cuivre, ses planches doivent néanmoins rester encore en hors-texte. On la trouve à l'époque romantique dans de charmants petits recueils littéraires venus d'Angleterre, les *keepsakes*, qui servent de cadeaux de fin d'année.

La gravure sur bois et la photographie

Après avoir fait les beaux jours du livre aux XVe et XVIe siècles, la gravure sur bois avait été supplantée par la taille-douce. Elle revient en force, à partir des années 1830, grâce à la technique de gravure sur bois de bout, inventée au siècle précédent par l'Anglais Bewick : le bois est attaqué perpendiculairement sur la tranche et non sur son droit fil, ce qui donne une plus grande finesse de trait et des dégradés plus subtils.

Le bois de bout présente sur la lithographie l'avantage de passer sous la même presse que la typographie. Massivement employé dans les livres, où vignettes, frontispices, initiales ornées rivalisent d'imagination, il facilite aussi l'essor sans précédent de la presse, surtout celle destinée à un large public, comme *Le Magasin pittoresque*, fondé en 1833,

et contemporains (Balzac, Gautier), livres religieux (la Bible) et ouvrages pour enfants, notamment les *Contes* de Perrault (à gauche et page de droite).

L'Illustration (1843), *Le Monde illustré* (1857) ou *Le Tour du Monde* (1860). D'une abondante et inégale production émergent les noms de Grandville, de Tony Johannot et du fécond Gustave Doré.

Quant à la photographie, mise au point vers 1839, elle constitue pour les graveurs sur bois une source

Doré obtient de ses graveurs des images pleines de nuances et de détails, à la mesure du foisonnement d'une imagination qui confine souvent au fantastique.

28 UN SIÈCLE DE TRANSFORMATIONS

LE RÉALISME PHOTOGRAPHIQUE   29

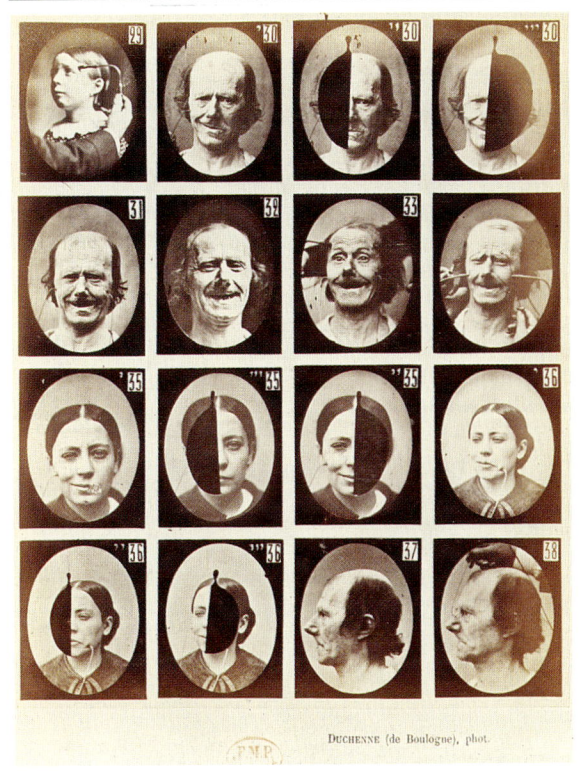

DUCHENNE (de Boulogne), phot.

MÉCANISME
DE LA
PHYSIONOMIE HUMAINE
OU
ANALYSE ÉLECTRO-PHYSIOLOGIQUE
DE L'EXPRESSION DES PASSIONS
PAR LE DOCTEUR
G.-B. DUCHENNE (de Boulogne)
[...]

DEUXIÈME ÉDITION
[...]

PARIS
LIBRAIRIE J.-B. BAILLIÈRE ET FILS
[...]
1876

La photographie ne peut, à ses débuts, servir d'illustration au livre qu'au prix d'un travail long et coûteux. Le premier grand ouvrage de ce type est un album de 125 planches, *Egypte, Nubie, Palestine et Syrie* (page de gauche), publié en 1852 par Maxime du Camp au retour d'un long voyage en Orient. Flaubert, qui l'a accompagné, a décrit, dans des lettres à sa mère, les difficultés de l'entreprise : « La photographie absorbe et consume les jours de Max. Il réussit mais se désespère chaque fois que rate une épreuve... Il a du reste obtenu des résultats superbes. »

d'inspiration abondante, mais elle ne trouve pas immédiatement son emploi dans le livre, car elle exige un papier spécial.

Elle est d'abord utilisée manuellement au début des années 1850, par collage de l'épreuve. Au prix de nombreuses recherches, elle va entrer dans le processus d'imprimerie. Après la galvanoplastie, la photolithographie (1852), la phototypie, la technique de la photogravure se développe progressivement, grâce à l'usage de la trame. Les premiers ouvrages reproduisant des photographies sont publiés dans les années 1880. L'héliogravure, un procédé photomécanique de reproduction, fait son apparition à la fin du XIXe siècle, surtout pour les travaux de qualité.

Véritable révolution dans l'illustration du livre scientifique, et notamment médical, la photographie est largement utilisée dans le *Mécanisme de la physionomie humaine* de Duchenne de Boulogne (1876, ci-dessus et à gauche).

Du livre illustré...

Omniprésente, l'image bouleverse considérablement l'aspect du livre. Le texte et l'image, jusqu'ici fabriqués à part (deux presses différentes, donc deux métiers différents), se consultaient séparément. Désormais, l'image s'installe dans le texte, favorisant une bien plus grande liberté dans la mise en page. Moins coûteuse, elle est plus abondante. Les huit volumes des *Français peints par eux mêmes* (1839-1842), par exemple, une des célèbres publications de l'éditeur Curmer, ne comptent pas moins de 1 846 gravures. On en dénombre 600 de la main de Gavarni pour *Le Juif errant* d'Eugène Sue (1845)!

L'Histoire des quatre fils Aymon, très nobles et très vaillants chevaliers (1883) est le premier livre français dont les illustrations (ci-dessous les dessins originaux) sont reproduites au moyen de la photogravure en quadrichromie. Les compositions en couleurs d'Eugène Grasset manifestent une très grande liberté de mise en page. Charles Gillot en réalisera l'impression.

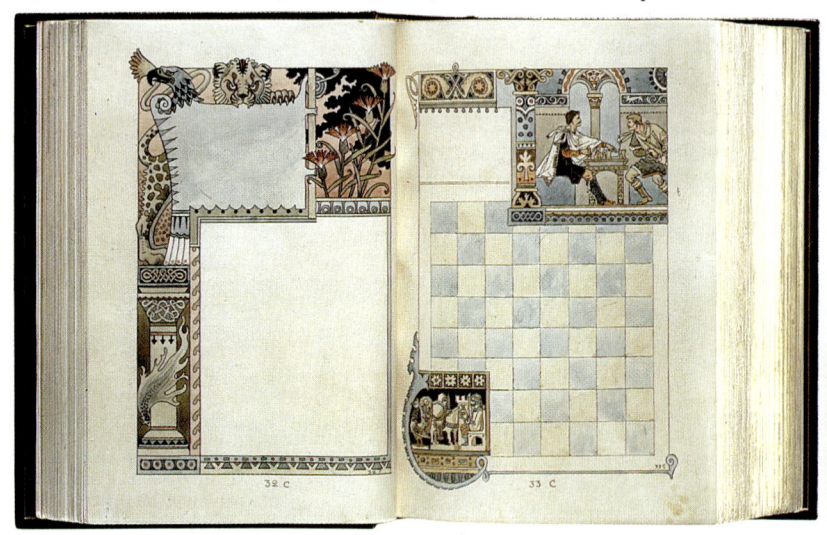

On parle alors, pour la première fois dans cette acception venue d'Angleterre, d'«illustration» et de «livre illustré», expressions maintenant passées dans le langage courant. L'image devient un argument de vente du livre. Parfois, les rôles s'inversent : le texte n'est plus là que pour servir l'image. D'abord presque toujours réservée au livre de littérature, celle-ci joue ensuite un rôle documentaire ou pédagogique, favorisant la vulgarisation scientifique triomphante.

L'apparition de procédés photomécaniques devait marquer le déclin de la profession de graveur sur bois. Parallèlement, la fin du siècle verra l'apparition de livres d'artistes, tirés à peu d'exemplaires et recherchés par les bibliophiles.

... à l'album

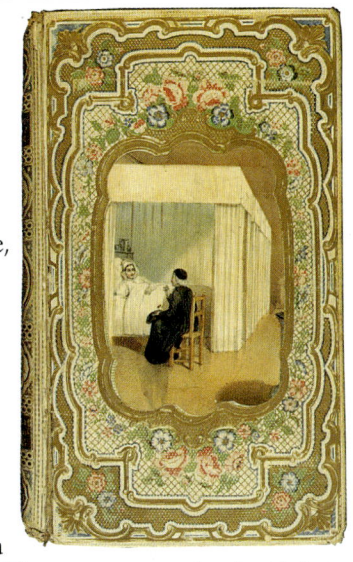

A la fin des années 1820, le livre amorce une série de changements, rendus possibles par le progrès technique. Les formats évoluent, brusquement libérés par l'invention de la machine à papier en continu. Une des grandes nouveautés du siècle est l'album : à l'époque romantique, le terme désigne les recueils de lithographies, souvent de format oblong, représentant paysages, portraits ou monuments ; il s'applique ensuite aux ouvrages de grand format, en couleurs, destinés aux enfants, racontant des histoires en images.

La typographie évolue. Après le dépouillement des Didot et Bodoni, on revient à une plus grande diversité. Le romantisme manifeste un goût pour la lettre ornée et l'écriture gothique, particulièrement marqué dans les pages de titre, tandis que la seconde moitié du siècle voit le retour à l'imitation du Garamond et de l'Elzevir.

Les couvertures s'habillent

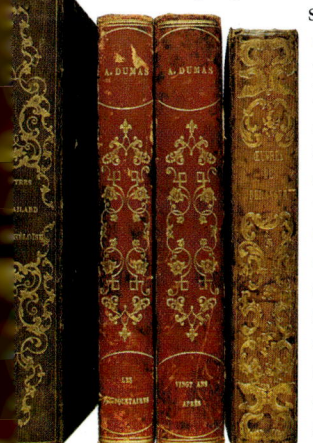

Les ouvrages publiés au XVIIIe siècle étaient souvent vendus sous une couverture muette, puis reliés, en général par les soins de l'acheteur. Au siècle suivant, l'usage se répand de reproduire en couverture la page de titre, parfois sur papier de couleur, avec des motifs d'ornement plus ou moins originaux (encadrements, fleurons). A partir de 1850, des couvertures comportent une illustration en rapport avec le contenu du livre (il s'agit en général d'ouvrages

Pendant la période romantique, le livre change d'habits. Tandis que beaucoup continuent de se vendre sous une simple couverture de papier, éventuellement de couleur, ceux destinés aux enfants sont recouverts de cartonnages dont le premier plat s'orne d'une lithographie coloriée, pas toujours en rapport avec le sujet du livre. L'habitude de relier les livres en pleine peau recule, au contraire de la demi-reliure, moins coûteuse, que les éditeurs fournissent parfois eux-mêmes. La reliure pleine devient peu à peu un luxe. Elle s'orne de décors de style néogothique (dit « à la cathédrale »), ou imitant des reliures anciennes.

pratiques ou destinés à un public populaire, tels
les almanachs, guides touristiques, ou manuels
de cuisine). La «quatrième de couverture» informe
sur les autres publications de l'éditeur, sous forme
d'extraits du catalogue.

Vers 1830, les éditeurs prennent l'habitude
d'habiller certains volumes, surtout ceux destinés
à la jeunesse, de cartonnages, qui en font à la fois
des objets plus séduisants, plus maniables et faciles
à lire. Les reliures sont fabriquées à part,
industriellement, avant d'être collées à l'ouvrage,
ce qui en abaisse le coût. Elles sont couvertes d'une
robuste percaline, agrémentée de décors dorés,
géométriques ou floraux. D'autres portent sur le plat
supérieur une vignette en couleurs. Aujourd'hui très
prisées des collectionneurs pour leur décoration, ces
reliures romantiques seront, dans la seconde moitié
du siècle, remplacées par des cartonnages rouges,
parfois splendides comme ceux de Hetzel.

La mécanisation, depuis la production du papier jusqu'aux opérations de reliure, est placée sous le signe de l'invention permanente. Les machines, dont la taille ne cesse de croître, exigent un nombre toujours plus grand d'ouvriers pour les conduire et les alimenter. Alors que l'atelier traditionnel d'imprimerie se caractérisait par une forte polyvalence des typographes, capables d'effectuer l'ensemble des opérations, la presse mécanique entraîne une spécialisation des tâches.

La production explose, l'atelier traditionnel décline

Les statistiques du nombre de titres enregistrés annuellement par le dépôt légal attestent une incontestable augmentation au cours du XIXe siècle : 2 000 à la veille de la Révolution, environ 5 000 vers 1840, 15 000 en 1889, point culminant du siècle avant la stagnation de la dernière décennie. De plus, la production ne se limite pas au marché intérieur : en 1850, la France exporte sept fois plus de livres qu'elle n'en importe.

Pour rendre compte de l'activité débordante des presses, il faut rappeler l'impressionnante montée en puissance des périodiques et des journaux, omniprésents après 1880, avec des quotidiens dont les tirages font rêver les patrons de presse d'aujourd'hui. Les imprimeries changent de taille, se mécanisent, exigent des espaces plus vastes, ce qui entraîne leur départ vers la banlieue ou la province, facilité par le développement des transports ferroviaires. Ce changement d'échelle, si net sous le Second Empire, bouleverse les anciennes imprimeries : Berger Levrault à Nancy passe de 150 à 404 ouvriers entre 1855 et 1877, et de 15 à 34 presses. L'établissement de Napoléon Chaix, longtemps célèbre grâce aux horaires de chemin de fer qui ont fait sa fortune, emploie 1 200 personnes à la fin du siècle. D'autres noms, mentionnés en petits caractères à la dernière page des livres, signalent discrètement le travail d'énormes entreprises vivant au rythme de la production de masse : Crété à Corbeil, Dépée à Sceaux, Mame à Tours. Partout l'augmentation du nombre et la taille des machines détruisent l'organisation traditionnelle du travail.

L'imprimerie fondée par Napoléon Chaix (ci-dessous) en 1845 est spécialisée dans les travaux pour le compte des administrations, comme celles du Chemin de fer (le terme Chaix désignera longtemps les livrets d'horaires des trains). Patron intransigeant, il se heurte souvent aux associations ouvrières. Traditionnellement combatifs, comme le prouve la grande grève de 1862, se mêlant aux combats politiques, en 1848 comme en 1871, les ouvriers du livre s'organisent à l'échelle nationale; ils sont 5 240 à être représentés en 1881 lors du congrès fondateur de la Fédération des typographes, qui deviendra Fédération française des travailleurs du livre (FFTL) quatre ans plus tard.

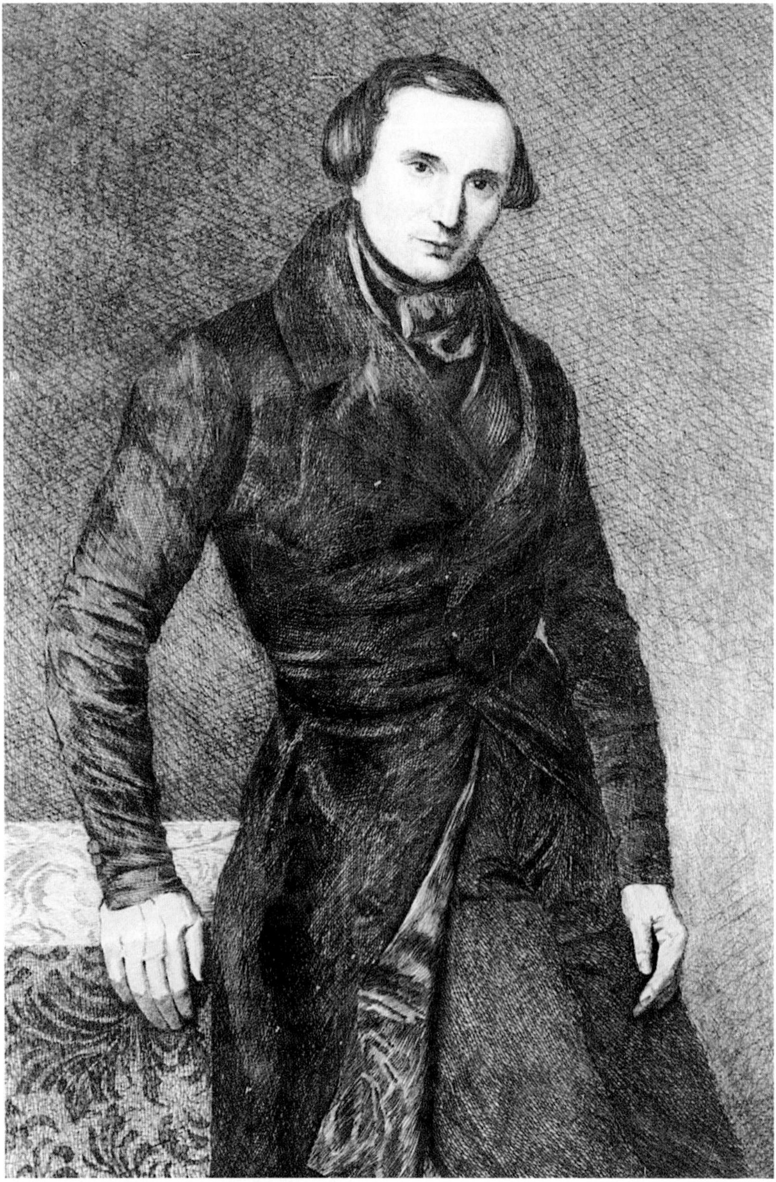

« L'éditeur, intermédiaire intelligent entre le public et tous les travailleurs qui concourent à la confection d'un livre, ne doit être étranger à aucun détail du travail de ces personnes; maître d'un goût sûr, attentif aux préférences du public, il doit sacrifier son propre sentiment à celui du plus grand nombre, pour arriver insensiblement et par des concessions graduées à faire accepter ce que les vrais artistes d'un goût plus éprouvé approuvent et désirent. »

Léon Curmer, 1839

CHAPITRE II
ÉDITEUR : L'ÉMERGENCE D'UN NOUVEAU MÉTIER

"Editeur! Puissance redoutable qui sers au talent d'introducteur et de soutien! talisman magique qui ouvres les portes de l'immortalité, [...] lien mystérieux du monde des intelligences..."
Les Français peints par eux-mêmes, 1839-1841; à gauche, l'éditeur Léon Curmer

Le prix du livre

Jusqu'à la crise, qui frappe la librairie dans les années 1830, les nouveautés avaient un premier tirage assez faible (1 000 ou 2 000 exemplaires), dans le format dit des cabinets de lecture, parce que leur destination finale était bien souvent la location. Le prix était élevé – 7,50 francs le volume –, chaque titre pouvant compter trois ou quatre volumes, ce qui permettait de les louer à plusieurs abonnés simultanément. Pour ce faire, les éditeurs n'hésitaient pas à espacer excessivement les lignes! Profitant de l'absence de réglementation internationale sur le droit d'auteur et le marché du livre, les libraires belges proposaient à des prix beaucoup plus bas des volumes compacts, de petit format, y compris des nouveautés d'abord parues en feuilleton. Résultat : le livre français se vend mal.

Suivant les exemples anglais et allemand, en France, Gervais Charpentier s'engage, en 1838, sur la voie de la baisse des prix. Il lance une collection d'ouvrages à la typographie plus serrée, réduisant la quantité de papier nécessaire, aux tirages plus élevés rendant moins pesante la part des frais fixes; enfin, il emploie la stéréotypie pour les réimpressions. La plupart des titres tiennent en un volume, vendu 3,50 francs, ce qui, tout en représentant une sérieuse diminution, dépasse encore un peu le salaire quotidien d'un ouvrier qualifié.

Un métier spécifique

Dans l'ancien régime typographique, l'imprimeur-éditeur et plus encore le libraire-éditeur, à la manière des Alde Manuce, Robert Estienne, Plantin ou Elzevier, étaient les acteurs principaux du monde

Dans les années 1830, la contrefaçon belge est, avec les cabinets de lecture, unanimement désignée comme responsable des maux dont souffre la librairie française (ci-dessous, une caricature de Cham) Sans doute, copient-ils indûment et à peu de frais des ouvrages parus déjà en volumes ou feuilletons.

Des accords entre les différents pays d'Europe sont conclus pour mettre fin à ce type de pratique (entre la France et la Belgique en 1852). En 1878 se tient un congrès de la propriété littéraire, sous la présidence de Victor Hugo. Il faut attendre 1886 pour que soit votée, au congrès de Berne, une convention internationale sur la propriété littéraire.

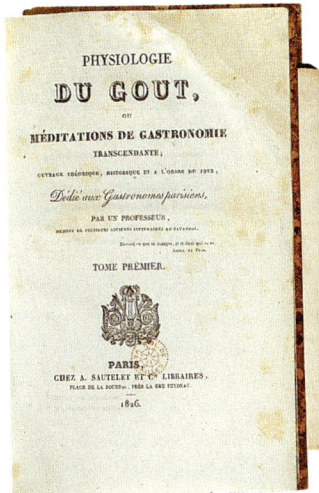

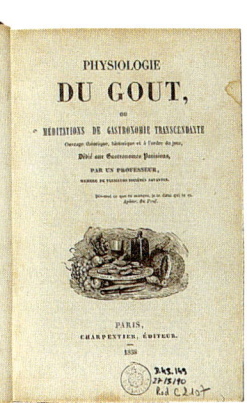

FACE À LA CONTREFAÇON BELGE

Le premier titre publié par Gervais Charpentier dans son nouveau format *in-18* est la *Physiologie du goût* de Brillat-Savarin, dont la première édition date de 1823 (à gauche, l'édition de 1826 en 2 volumes et, ci-contre, l'édition en format Charpentier). Le second titre sera la *Physiologie du mariage* de Balzac. La collection comptera peu de nouveautés, mais beaucoup de titres récents d'auteurs confirmés : Balzac, Sand, Musset, Hugo, Vigny. Preuve du succès, le catalogue comporte bientôt 400 titres. L'initiative de Gervais Charpentier (ci-contre) sera rapidement imitée et dépassée par ses concurrents. Il transmettra sa maison à son fils Georges qui sera l'éditeur et l'ami de Zola.

du livre. Ils cumulaient plusieurs fonctions, au sein desquelles l'édition au sens moderne n'était la plupart du temps qu'une activité annexe. A partir des années 1830, l'éditeur commence à se séparer des autres métiers du livre. De son bureau, il contrôle toutes les étapes de la publication, depuis la recherche du manuscrit jusqu'à la diffusion; mais il ne tient plus nécessairement une boutique de librairie, plus préoccupé de faire connaître ses publications sur une vaste échelle.

La mécanisation accrue, la nécessité d'atteindre des tirages élevés pour rester concurrentiel exigent une capacité d'investissement et d'embauche que n'ont pas toutes les entreprises d'édition. Des personnalités énergiques et aventurières, souvent venues de milieux plutôt modestes, prennent la tête des grandes maisons, dont beaucoup franchiront le siècle et portent des noms qui nous sont familiers : Dalloz (1824), Hachette (1826), Garnier (1833), Calmann Lévy (1836), Masson (1837), Privat (1839), Beauchesne (1851), Larousse (1852), Fayard (1855), Dunod (1858), Delagrave (1864), Picard (1869), Armand Colin (1870), Vuibert (1876), Flammarion (1878), Hatier (1880), Nathan (1881) et bien d'autres.

Ernest Flammarion (ci-dessus) entre en 1874 comme vendeur chez Charles Marpon, libraire aisé installé sous les arcades du théâtre de l'Odéon. Moins d'un an plus tard, les deux hommes s'associent et se tournent vers l'édition. Un de leurs premiers grands succès est *L'Astronomie populaire* (1879), écrite par Camille Flammarion, le frère de l'éditeur. Seul depuis la mort de Marpon, Flammarion développe certains secteurs, comme la vulgarisation scientifique, le livre de jeunesse et l'édition populaire, avec les publications illustrées de Zola et Daudet, et des ouvrages pratiques. A gauche, Edouard Privat et sa famille, vers 1850. Fondateur d'une dynastie d'éditeurs toulousains, il publia le véritable monument qu'est l'*Histoire générale du Languedoc*.

Une activité très parisienne

A l'instar de nombreuses professions, les éditeurs constituent leur organisme professionnel, le Cercle de la librairie, fondé en 1847. Ambroise Firmin-Didot en est le premier président, désignation symbolique de l'héritier d'une illustre dynastie de libraires-imprimeurs. Le Cercle, qui regroupe à l'origine des

DES ÉDITEURS À LA MODE 39

membres de tous les métiers du livre, tient à la fois du club et du syndicat professionnel, luttant pour la défense de la propriété littéraire.

Si l'on excepte Privat à Toulouse, fortement orienté vers le régionalisme, et l'éclosion, non négligeable, de quelques maisons très spécialisées dans la littérature religieuse et enfantine et dont les livres brillent souvent plus par leur cartonnage que par leur contenu, la concentration parisienne est plus forte que jamais. Dans la capitale même, des nuances se font jour. Le Quartier latin (et ses marges) reste le lieu prestigieux de la vie scientifique et universitaire, où nombre d'éditeurs viennent s'installer, tels Louis Hachette, Victor Masson ou Ernest Flammarion.

Au début du romantisme, le Palais-Royal, avec sa célèbre galerie de bois aujourd'hui disparue, abrite cabinets de lecture et librairies en vue (celles-ci sont au nombre de 14 vers 1820). On s'y arrache les nouveautés tout autant que les classiques, tandis que les fauchés viennent lire gratuitement à l'étalage.

Temple du plaisir à côté du quartier des affaires, le Palais-Royal est, au XIXe siècle, un des hauts lieux de la librairie parisienne : pendant la Restauration, Charles Ladvocat, l'inventeur de l'affiche de librairie, y connaîtra une gloire éphémère. Les frères Garnier y feront en 1833 de modestes débuts. Plus tard, la Librairie Dentu est un lieu à la mode : sur la gravure sur bois ci-dessus, on voit Dentu accueillir une femme et des hommes de lettres en vogue, vers 1860. Parmi eux, Arsène Houssaye, Emile Gaboriau, Paul Féval, Ponson du Terrail.

40 ÉDITEUR : L'ÉMERGENCE D'UN NOUVEAU MÉTIER

Contrairement à celui des imprimeurs, le nombre des libraires n'est pas limité, mais c'est l'Administration qui décerne le brevet, indispensable pour exercer (à gauche). Les formalités sont sans fin et le précieux document peut se faire attendre longtemps. Il est parfois confisqué pour une faute vénielle. En 1828, Paul Dupont le perd pour n'avoir pas déposé

Sous étroite tutelle

L'idée d'une liberté des métiers du livre ne s'impose pas plus que sous l'Ancien Régime. En créant, par son décret du 5 février 1810, une Direction de l'imprimerie et de la librairie relevant du ministère de l'Intérieur, Napoléon instaure un régime de surveillance étroite : « Il est défendu de rien imprimer ou faire imprimer qui puisse porter atteinte aux devoirs des sujets envers le souverain et à l'intérêt de l'Etat ». Libraires et imprimeurs, dont le nombre est réglementé, doivent être brevetés et assermentés.

Ce brevet, un document de parchemin, délivré aux individus pouvant justifier non pas d'une compétence mais d'un « certificat de bonne vie et mœurs » et d'« attachement à la patrie et au souverain », peut être confisqué, même pour une faute mineure. Ce système ne cessera qu'en 1870.

Si la disparition de la censure préalable, en 1815, marque une tendance à la libéralisation, la loi punissant « tout outrage à la morale publique et religieuse ou aux bonnes mœurs » ne sera abolie qu'en 1881. Les procès sont en réalité nombreux. Le Second Empire s'est illustré par quelques cas retentissants. Pierre Louis Hetzel, éditeur, mais également écrivain (sous le nom de P.-J. Stahl) et

à la Direction de la Librairie les « cinq exemplaires du second tirage d'un écrit non politique ». Quant à Jean Nicolas Barba (ci-dessus), libraire du Palais-Royal, il fut condamné, en 1825, à quelques jours de prison pour avoir publié un roman de Pigault Lebrun, *L'Enfant du carnaval*, jugé licencieux et qui était paru pour la première fois en 1792 !

homme politique (il participe au gouvernement de la IIe République), est obligé de s'exiler en Belgique, où il sera aussi l'éditeur de Hugo. Il rentre au moment de l'Empire libéral, en 1859.

Flaubert et Baudelaire aux prises avec la censure

En 1857, la publication, pourtant avec des coupures à la suite de menaces du pouvoir, de *Madame Bovary* en feuilleton dans la *Revue de Paris* déclenche des poursuites non seulement contre Flaubert, mais aussi contre le directeur de la revue et l'imprimeur, sous l'inculpation d'outrage aux morales publique et religieuse. L'avocat impérial accuse : « Les imprimeurs doivent lire ; quand ils n'ont pas lu ou fait lire, c'est à leurs risques et périls. […] Ils sont comme des sentinelles avancées ; s'ils laissent passer le délit, c'est comme s'ils laissaient passer l'ennemi. » Les trois accusés sont finalement acquittés et le roman peut être édité par Michel Lévy.

Les Fleurs du mal, parues au mois de juillet de la même année, valent à Baudelaire et à son éditeur, Poulet-Malassis, une condamnation à une

Auguste Poulet-Malassis (ci-dessous), un éditeur courageux au goût très sûr, installé à Alençon, et son associé De Broise mettent en vente *Les Fleurs du mal* le 21 juin 1857. L'ouvrage s'attire immédiatement les foudres des gardiens de la morale, notamment dans deux articles du *Figaro* des 5 et 12 juillet. Le 20 août, le tribunal correctionnel de la Seine condamne l'éditeur et le poète, qui a noté sur une édition postérieure le titre des six poèmes censurés (ci-contre). Les 1 300 exemplaires de la première édition ne pourront être tous saisis et circuleront sous le manteau. Le jugement ne sera cassé que le 31 mai 1949.

Ancien imprimeur, Balzac connaît bien les métiers du livre.

amende et l'obligation de retrancher six pièces du recueil. Ce jugement procurera à l'ouvrage une célébrité dont il n'aurait sans doute pas joui aussi rapidement.

La loi de 1881 finit par poser le principe que «l'imprimerie et la librairie sont libres», mais avec des limitations, concernant surtout l'outrage aux bonnes mœurs, ce qui facilite l'interdiction des ouvrages pornographiques et la poursuite de leurs auteurs.

Auteurs et éditeurs, contrats et rapports passionnels

La spécialisation du métier d'éditeur, son rôle plus décisif qu'auparavant dans le choix du manuscrit, la nécessité où il se trouve d'être clairement reconnu dans son domaine, le risque économique qu'il prend, redéfinissent ses relations avec l'auteur.

A l'inverse d'un Balzac qui aura traité avec une trentaine d'éditeurs avant de se brouiller avec eux, l'auteur est fréquemment attaché à un seul éditeur.

Il entretient des relations orageuses avec les éditeurs, jouant un rôle actif pour la défense du droit d'auteur, notamment grâce à la Société des gens de lettres. En haut, à gauche, le contrat du 2 octobre 1841 entre Balzac et un consortium d'éditeurs, pour *La Comédie humaine*.

QUESTION D'ARGENT? 43

Même si l'amitié n'est pas impossible, comme entre Hetzel et Jules Verne, les relations tournent plus souvent à la passion, voire à l'orage! Au fil des correspondances échangées, on mesure la place que tient l'argent dans ce couple infernal. Les contrats précisent toujours les caractéristiques de l'édition projetée (format, longueur du texte, prix de vente), la durée de sa validité, et le montant des droits d'auteur pour le premier tirage et les réimpressions éventuelles. Rares sont les auteurs qui vivaient de leur plume sous l'Ancien Régime. Avec l'industrialisation, l'envol des ventes suscite de nombreuses vocations d'hommes de lettres. Les écarts ne cessent cependant de se creuser entre ceux qui réussissent et les autres. Si le théâtre est d'un excellent rapport, grâce au produit des représentations, la poésie ne fait pas vivre ses auteurs et le roman, valeur en hausse, offre des revenus inégaux. La célébrité incite certains à vendre fort cher leur manuscrit, tandis que la pratique de l'édition à compte d'auteur ne cesse de se développer.

Tous ne détiennent pas les clés du succès et les *Scènes de la vie de bohème* décrites par Henry Murger ne relèvent pas que de la fiction. Nombre d'écrivains adoptent profil bas devant les éditeurs, acceptent des collaborations mal rétribuées à des journaux de peu d'audience; d'autres prêtent leur plume à des auteurs plus renommés. Telle la

Henri Murger connaît pendant plusieurs années une existence de misère, entre sa mansarde et les cafés du Quartier latin où il retrouve ses compagnons d'infortune. Il s'en inspirera pour écrire les *Scènes de la vie de Bohème* (1847-1849), qui paraissent d'abord en feuilleton, puis en volume, chez Michel Lévy. L'ouvrage sera adapté au théâtre, à l'opéra et très souvent réédité (à gauche, une illustration d'André Gill).

Elisée Reclus (ci-dessous), un grand géographe français, qui passa une partie de sa vie en exil et fut déporté après la Commune, reçoit pour sa *Nouvelle Géographie universelle* publiée par Hachette en 1876 des consignes de prudence : il ne pourra toucher «que d'une manière succincte et avec la plus grande réserve aux questions religieuses et morales».

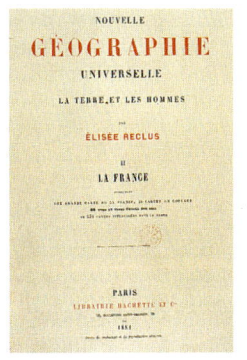

comtesse Dash, dont plusieurs œuvres sont signées par Alexandre Dumas.

La juteuse affaire des feuilletons

Dans cette course à la gloire et à l'argent, les auteurs savent se tourner vers la presse, active concurrente du livre. En 1836, deux nouveaux quotidiens, *La Presse* d'Emile de Girardin et *Le Siècle* de Dutacq, remportent un succès immédiat, non seulement parce que la publicité leur permet des tarifs d'abonnement très bas, mais aussi grâce à la place importante accordée au feuilleton dont toute la presse va faire un large usage!

Eugène Sue, Frédéric Soulié, George Sand, Balzac voient leur audience brusquement élargie. A une époque où le premier tirage d'un livre oscille entre 1 000 et 2 000 exemplaires, leur présence dans les journaux leur assure d'emblée plusieurs dizaines de milliers de lecteurs. Les feuilletons s'installent dans le bas de la première page. La plupart des romans sont désormais publiés de cette façon : *Le Juif errant* d'Eugène Sue dans le très sérieux *Constitutionnel*, *Les Trois Mousquetaires* dans *Le Siècle*. L'affaire est souvent juteuse pour le journal, et le démarrage d'un feuilleton fait sensiblement progresser les ventes.

Les journaux se livrent une âpre lutte pour s'arracher les auteurs à succès. Parmi ceux-ci, Alexandre Dumas a sans doute été le plus prolifique (à gauche, sa caricature par Gill en 1866). C'est eux qui leur permettent de fidéliser leurs lecteurs (ci-dessous, la cuisinière lisant, dans le très sérieux *Constitutionnel*, un feuilleton d'Eugène Sue). Le développement du roman feuilleton a été servi par l'affiche, alors en pleine expansion (en bas, à gauche, une de ces affiches publicitaires, vers 1890).

Une technique se généralise : accrocher d'emblée le lecteur, entretenir le suspens, allonger le roman. Des journaux adoptent même la formule du supplément détachable que l'on relie ensuite pour former un livre.

La presse fait éclore un nouveau genre littéraire

Le feuilleton contribue à populariser certains romanciers et à faire connaître leur œuvre. Le lecteur aimera retrouver sous forme de livre ce qu'il n'aura peut-être pas pu lire intégralement dans le journal, et l'éditeur profite ainsi d'une publicité qui ne lui a rien coûté! Quant à l'influence du genre feuilleton sur le découpage des romans et même le style, elle donne le goût du suspense et du «à suivre». En 1844, le jeune gérant du quotidien *La Presse*, dans laquelle paraissait *Les Paysans*, écrit à Balzac : «*Les Paysans* vont très bien. Ils iraient mieux encore si vous vouliez faire le sacrifice de quelques descriptions. On les trouve généralement trop

Feuilleton («petit feuillet») désigne d'abord un emplacement en bas d'une page (au «rez-de-chaussée»), réservé à une chronique à parution régulière. En 1836, un nouveau type de feuilleton s'installe, le roman, découpé en tranches quotidiennes. Le premier est *La Vieille Fille* de Balzac, publié dans *La Presse* du 23 octobre au 4 novembre (ci-dessus, «*Mademoiselle Irnois*» de Gobineau, dans *Le National*, en 1847).

longues pour le feuilleton; ne pourriez-vous pas les rogner un peu, s'il en reste encore, sauf à les rétablir dans l'édition de librairie? Croyez-moi, ce serait dans l'intérêt de votre succès»... Il arrive aussi que les lecteurs eux-mêmes envoient leurs suggestions pour les épisodes suivants!

La concurrence du journal culmine avec l'apparition de la presse à 5 centimes, qui cherche à renouveler la clientèle habituelle, en visant le public populaire le plus large possible, à la ville comme à la campagne. Pour ce faire, des titres tel le célèbre *Petit Journal*, lancé par Polydore Millaud en 1863, exploitent dans leurs colonnes le faits divers, romancé ou dramatisé et usent abondamment du roman-feuilleton. Des professionnels de l'écriture comme Ponson du Terrail, le père de *Rocambole*, Xavier de Montépin ou Emile Gaboriau font la fortune de ces journaux, leur fournissant à un rythme infernal une copie parfois péniblement rédigée la nuit précédente.

Le triomphe de Michel Lévy

Les éditeurs de ce siècle industriel continuent de se livrer une concurrence rude. Après s'être imposé grâce à l'édition théâtrale, Michel Lévy multiplie les collections à bas prix. Dès 1846, il vend les romans d'Alexandre Dumas à 2 francs; subissant la concurrence féroce de

«Rocambolesque» qualifie de nos jours des aventures extraordinaires et même invraisemblables. Le héros de Ponson du Terrail a passionné les foules à chacune de ses apparitions dans les feuilletons de 1859 à 1866. Ci-contre, une caricature par Gill (1866). Ci-dessous, la foule devant un kiosque à la sortie de *La Petite presse*, qui publie *Rocambole*, en 1866.

la Librairie nouvelle, il franchit un nouveau palier en lançant, en novembre 1855, sa célèbre collection à couverture verte et à 1 franc le volume, la «Collection Michel Lévy». Il y publie, sur un papier de moindre qualité, quelques nouveautés comme *Madame Bovary* et des rééditions, beaucoup plus nombreuses. En un an, on y compte déjà 211 titres et 1 649 en 1889!

Dans la même optique, Michel Lévy adopte une stratégie de différenciation des publics et ses plus grands succès sont repris dans des éditions bon marché, de format plus petit, débarrassées éventuellement de leur appareil critique, parfois illustrées. Les diverses éditions de *La Vie de Jésus* de Renan témoignent de ce souci. L'inverse est également vrai et Lévy publie des titres à succès en édition de luxe pour bibliophiles, sur grand papier, avec des recherches typographiques et la participation d'un grand illustrateur.

La diversification des techniques de vente

Pour concurrencer le feuilleton sur son terrain, les éditeurs adoptent les techniques de la presse. Certains publient des textes en livraisons, c'est-à-dire par fascicules à parution régulière et d'un prix plus faible. Le nombre des livraisons peut être élevé et tenir longtemps le spectateur en haleine : 422 pour *Les Français peints par eux-mêmes*, paru en 1842. Cette méthode de diffusion est souvent utilisée pour les ouvrages illustrés dont le prix de vente resterait trop élevé. En 1848, quelques éditeurs créent des collections de romans populaires illustrés, sur deux colonnes et dans une typographie serrée, vendus à bas prix et imprimés à 10 000 exemplaires.

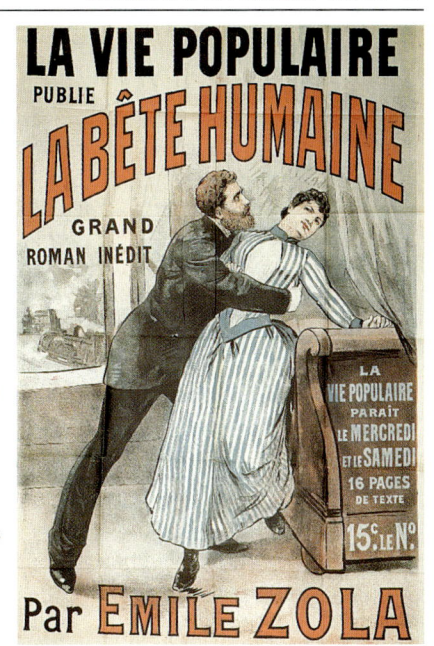

«Toute œuvre, pour nourrir son auteur, doit d'abord passer dans un journal qui la paie à raison de quinze à vingt centimes la ligne.» Ancien chef de la publicité chez Hachette, Zola connaît la puissance de la presse; il collaborera à une cinquantaine de journaux. Ses œuvres, comme la plupart des grands romans du siècle, paraissent d'abord en feuilleton, constituant d'excellentes «locomotives» pour la vente des journaux. Ci-dessus, une affiche pour *La Bête humaine*, publiée en feuilleton par *La Vie populaire* (1889).

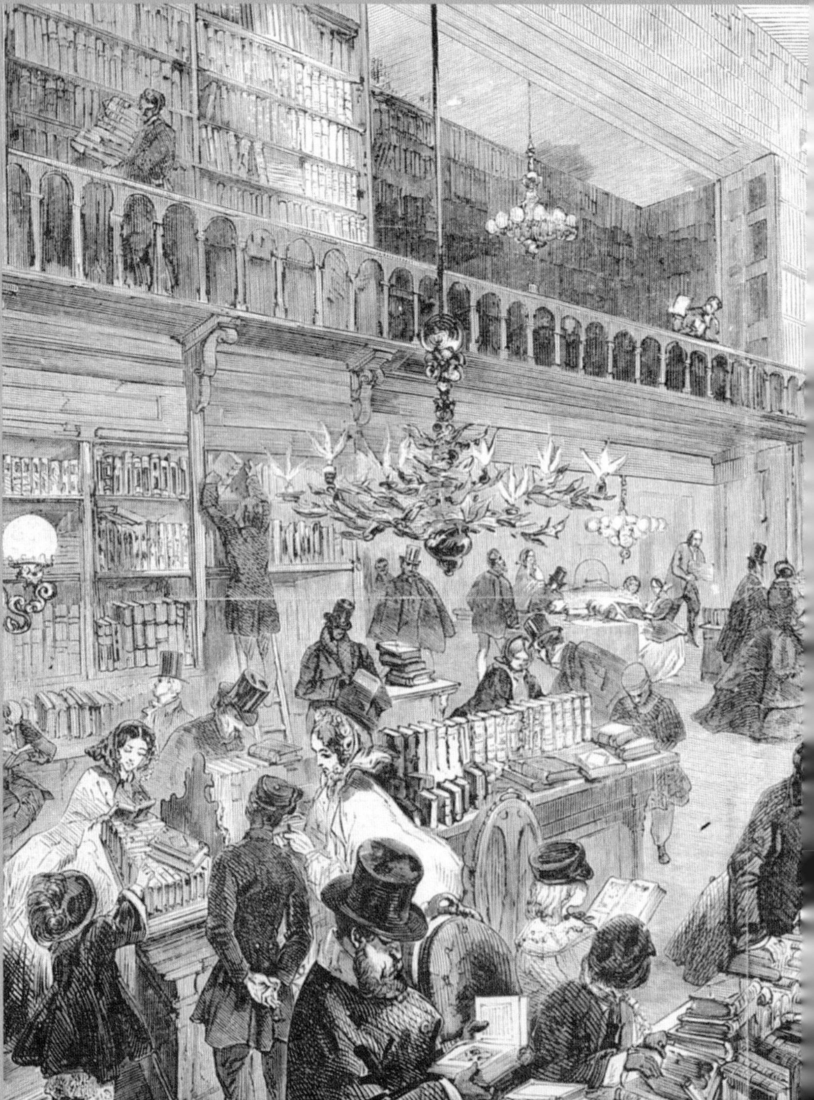

MICHEL LÉVY

Né en 1821, Michel Lévy n'a que cinq ans quand ses parents, modestes colporteurs alsaciens, s'installent à Paris. D'abord tenté par la carrière théâtrale, il installe ensuite une échoppe près du Palais-Royal. Il publie en 1841 ses premières pièces de théâtre, puis crée la Bibliothèque dramatique. Il diversifie sa production, en éditant des romanciers contemporains (en haut, la collection des «Bons Romans») et des écrits politiques après 1848. Voyageant en France et à l'étranger, à la manière des libraires commissionnaires, il mène une vie d'éditeur entreprenant. Sa grande bataille sera celle du prix du livre, marquée par le lancement de sa collection à 1 franc le volume. Son catalogue va réunir la plupart des grands écrivains contemporains. En 1861, il rachète la Librairie nouvelle (ci-contre), installée boulevard des Italiens. Quand il meurt, en 1875, il transmet à son frère Calmann l'une des plus grosses entreprises d'édition européennes.

Les efforts pour soutenir la consommation, dont l'arrêt serait fatal à des entreprises obligées d'aller de l'avant, portent sur la présentation et le conditionnement du livre, et l'initiative en matière de stratégie commerciale. Les recettes sont variées : choix du titre, où l'auteur doit souvent se soumettre à l'éditeur; procédés littéraires, tels que la création de héros dont les aventures reviennent périodiquement; primes à l'achat sous forme de livres gratuits ou de cadeaux divers offerts avec l'achat d'ouvrages (des montres, des bijoux, des gravures, des horloges!).

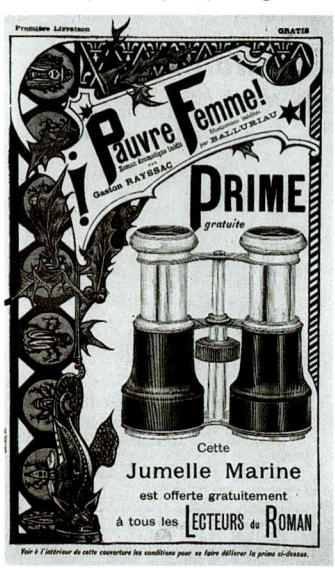

Pour stimuler les ventes et conjurer la crise toujours latente, les éditeurs accentuent leur effort publicitaire. Il est fréquent de se voir offrir, avec un achat de livre ou un abonnement à un journal, des primes qui peuvent être des images, des objets en plâtre, des montres ou même des jumelles (à gauche).

La publicité à l'affiche

La crise du livre, dans les années 1830, stimule la publicité. L'affiche illustrée va en être, grâce à la lithographie, un vecteur essentiel. Apparue à l'époque romantique, elle annonce un roman, ou le début d'une parution en livraisons ou en feuilleton dans des journaux.

Pour bien affirmer son image, l'éditeur cherche à rendre ses productions aisément identifiables. L'emploi de la collection se généralise grâce à des techniques éprouvées : utilisation d'un format constant; standardisation de la couverture, avec présence non plus de la marque de l'éditeur, tombée en désuétude, mais de son adresse; usage de la couleur pour singulariser chacune des collections; rappel, en fin de volume ou au dos, des autres ouvrages parus dans la même collection; numérotation des volumes à l'intérieur de celle-ci; parution de nouveaux titres à périodicité régulière;

Vers 1840-1842, prolifèrent des petits ouvrages illustrés, très semblables les uns aux autres, les «Physiologies», confiés à des journalistes ou écrivains de renom. L'éditeur Aubert s'en fait une spécialité (ci-dessus). Balzac, auteur en 1830 d'une *Physiologie du mariage*, s'offusquera de cet engouement passager : «Aujourd'hui, la Physiologie est l'art de parler et d'écrire incorrectement de n'importe quoi sous la forme d'un petit livre bleu ou jaune qui soutire vingt sous au passant sous prétexte de le faire rire et qui lui décroche les mâchoires.»

LE LIVRE EST SUR LES MURS 51

de la Bourse, 29. — LAVIGNE, rue du Pont-Saint-André, 1.

PHYSIOLOGIES-AUBERT EST EN VENTE.
...ant 60 à 80 dessins, de Gavarni, H. Monnier, Daumier, Trimolet, Menut-Alophe, etc.
Franc.
GIE DU FLOUEUR PAR C. PHILIPON.

...YÉ, par de Balzac.	Physiologie du BAS-BLEU, par Fréd. Soulié.	Physiologie du BOURGEOIS, par H. Monnier.
...EUR, par M. Alhoy.	Id. de l'HOMME MARIÉ, par P. de Kock.	Id. du MÉDECIN, par Louis Huart.
...ER, par Éd. Ourliac.	Id. du CRÉANCIER, par Maurice Alhoy.	Id. de L'ÉTUDIANT, par Louis Huart.
...EUR, par M. Alhoy.	Id. du TROUPIER, par Marco-St-Hilaire.	Id. du PROVINCIAL, par P. Durand.
...par Louis Huart.	Id. de LA GRISETTE, par Louis Huart.	Id. du GARDE NATIONAL, par L. Huart.
...N, par Albert Cler.	Id. de LA LORETTE, par Maurice Albert.	Id. de l'Homme de Loi, par un Homme de Plume
...UR, par Deyrieu.	Id. de LA PORTIÈRE, par J. Rousset.	Id. de l'Homme à b. fortunes, par Lemoine
..., par Louis Huart.	Id. de LA PARISIENNE, par Tax. Delord.	Id. de la Femme la plus malheureuse, Idem

La publicité revêt des formes diverses. Le prospectus, souvent bref (2 ou 4 pages) dont le tirage excède souvent celui de l'ouvrage, donne des extraits, reproduit la préface, cite des articles louangeurs ou comporte un avis de l'éditeur, tout en précisant les modalités de souscription ou d'achat de l'ouvrage. Les commis voyageurs les distribuent aux libraires ou à leurs correspondants, en France et à l'étranger, avec le catalogue de l'éditeur, dont l'usage, fort ancien, se généralise. L'affiche fait son apparition sur les murs de la ville, les colonnes Morris et les devantures des boutiques (ou, quand elles sont plus petites, à l'intérieur) vers 1820. Certains libraires en usent largement, de même que la presse pour lancer ses feuilletons. Elles seront de plus en plus souvent confiées à des artistes célèbres (à gauche, une affiche de 1896 pour *L'Age du romantisme*).

prix identique d'un volume à l'autre. Par sa maquette unique, la collection représente une économie de temps et d'argent, d'autant qu'une publicité pour un titre risque de servir les autres.

La publicité trouve une place de choix dans la presse, abandonnant la simple annonce pour se faire aguicheuse ou convaincante. Beaucoup de prières d'insérer et même de comptes rendus d'ouvrages ne sont que des réclames, parfois rédigées par l'auteur. La publicité rédactionnelle, toujours dithyrambique, mais qui est insérée sans mention particulière, en vient alors à concurrencer la critique indépendante.

Deux sortes de librairies coexistent : la librairie de nouveautés et la librairie traditionnelle, un espace réservé aux érudits. C'est là qu'on rencontre le bibliophile, qui, comme l'a écrit Charles Nodier, «aime le livre comme un ami aime le portrait d'un ami, comme un amant aime le portrait de sa maîtresse» (à gauche, un étalage de librairie à Paris sous les galeries de l'Odéon; ci-dessous, un bibliophile dans une boutique).

Un réseau de libraires

Sous la Restauration, les éditeurs emploient des commis voyageurs, tel *L'Illustre Gaudissart* peint par Balzac, chargés de présenter aux libraires les nouveautés et de recueillir des souscriptions pour des publications à venir. Le système de l'office, c'est-à-dire l'envoi automatique par les éditeurs aux

LE TRIOMPHE DE LA LIBRAIRIE 53

Les librairies seront longtemps d'abord des lieux de rencontre entre habitués qui peuvent même y avoir leur chaise. Dans la librairie d'Alphonse Lemerre, passage Choiseul, se réunissent les poètes parnassiens. Chez Honoré Champion (à gauche, avec ses fils), qui installe en 1874, sans capital de départ, sa boutique quai Malaquais, se rencontrent savants et érudits, conquis par l'immense culture historique de cet autodidacte.

Beaucoup de livres sont des objets de la vie quotidienne, à vocation utilitaire : livres de cuisine, travaux manuels, jeux, sports, savoir vivre, voyage. A la frontière avec le livre spirituel, les livres de «pronostication», de

libraires d'un ou plusieurs exemplaires de leurs nouveautés, se met timidement en place.

Cette évolution de la distribution densifie un réseau de libraires détaillants jusqu'ici assez relâché dans une France encore rurale. Dans de nombreuses petites villes, la vente de livres d'usage très courant (almanachs, livres scolaires et religieux) reste assurée par le commerce général. Mais, après 1840, l'accroissement de la demande puis la suppression du brevet (1870) favorisent l'implantation des librairies, dont le nombre se verra, en 1910, multiplié par trois. Le Nord, l'Est et surtout la région parisienne continuent d'être privilégiés, tandis que la Bretagne,

prophétie ou d'astrologie ont toujours suscité l'intérêt du public, aujourd'hui relayé par les rubriques spécialisées des journaux.

le Centre et les pays de montagne profitent moins de cette hausse.

La spécificité de la profession se concrétise par la création, en 1892, de la Chambre syndicale des libraires de France, dont l'un des objectifs est d'obtenir la vente au prix marqué, qui sera acquise en 1914. La librairie n'a pourtant pas le monopole de la diffusion commerciale, car les grands magasins offrent souvent un rayon consacré aux livres.

«MM. L. Hachette et Cie ont eu la pensée de faire tourner les loisirs forcés et l'ennui d'une longue route au profit de l'agrément et de l'instruction de tous»

Une concurrence autrement plus vive apparaît, liée à l'exceptionnel développement du chemin de fer sous le Second Empire. Louis Hachette s'était rendu compte, en partant pour l'Exposition universelle de Londres en 1851, de l'intérêt des gares comme points de vente. Les compagnies de chemin de fer se laissent convaincre par ses arguments, les bibliothèques de gare voient le jour et l'éditeur en obtient le monopole, malgré les protestations de ses confrères. Elles seront plus de 500 sous la IIIe République.

Hachette n'y vend, au début, que la collection qu'il a créée spécialement, la «Bibliothèque des chemins de fer» (1853). Son programme, qui exclut «toutes

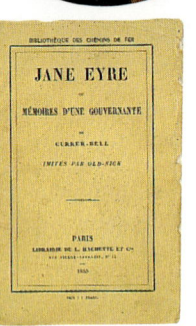

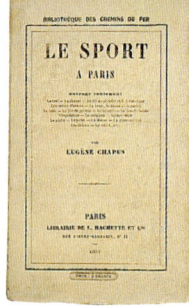

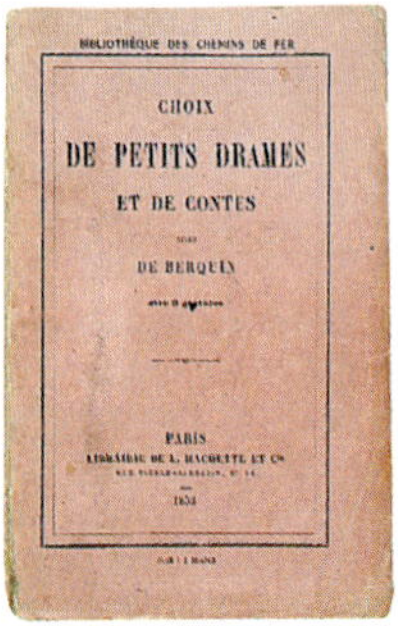

Sous le Second Empire, le chemin de fer est encore aux mains de compagnies privées. En établissant des conventions avec chacune d'entre elles pour y installer ses bibliothèques de gare, Louis Hachette (ci-contre) mise avec justesse sur leur développement. Le réseau passe en effet de 3 000 kilomètres en 1848 à 17 000 en 1870. Il s'attire aussi quelques inimitiés, notamment celle de Napoléon Chaix, l'éditeur des horaires, inquiet de ce monopole. Hachette, en effet, se constitue un réseau idéal pour diffuser ses livres. Ses collections de la «Bibliothèque des chemins de fer» (ci-dessus, à gauche et à droite) ont largement contribué à la popularité du roman et du guide de voyages.

HACHETTE CRÉE LES BIBLIOTHÈQUES DE GARE 55

les publications qui pourraient exciter ou entretenir les passions politiques, ainsi que tous les écrits contraires à la morale», vise une clientèle nouvelle et diversifie l'offre, «de façon que chacun, homme d'Etat, ecclésiastique, militaire, magistrat, touriste, agriculteur ou commerçant, vieillard, femme ou enfant, pût y rencontrer un certain nombre de volumes d'un format commode, imprimés en caractère très lisibles et rédigés pour lui». Tout un programme et qu'il saura tenir.

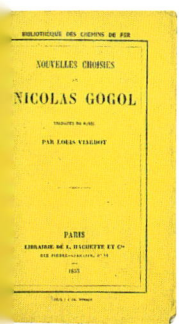

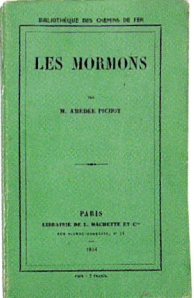

A la devanture des bibliothèques de gare (ci-dessus), les livres voisinent avec les journaux pour le plus grand bonheur des voyageurs.

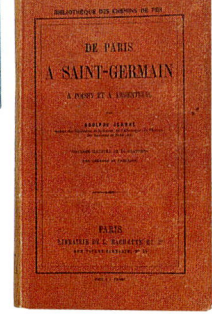

La «Bibliothèque des chemins de fer» comporte sept séries correspondant à ces différents publics, chacune se distinguant par la couleur de ses couvertures. Par la suite, Hachette vendra dans les gares les publications d'autres éditeurs, mais surtout il diffusera la presse, qui fera et fait encore le succès des bibliothèques de gare.

MALBROUGH
s'en va-t-en guerre
Mironton Mironton Mirontaine
Dessins par
BIBLIOTHÈQUE
et
MAGASIN D'ÉDUCATION
ET DE RECRÉATION
Edit: J. Hetzel
Paris - 18 - r. Jacob

A l'évolution des modes de fabrication et à l'élargissement des publics correspondent un renouvellement et une diversification des contenus. Le livre atteint désormais tous les âges de la vie et tous les domaines de l'activité humaine. Il vise à faciliter l'accès de tous au savoir et au loisir.

CHAPITRE III
TOUTES SORTES DE LIVRES

L'émergence de la fonction éditoriale passe bien souvent par la spécialisation. La conquête d'une bonne image de marque dans un domaine donné est un gage de stabilité. La maison Hetzel, ainsi, se spécialise dans la littérature enfantine. Ci-contre, la très célèbre marque de la maison Larousse, qui a conquis une telle place que ce nom est devenu quasiment un synonyme de dictionnaire.

L'ascension de Louis Hachette

Le triomphe de l'école obligatoire est aussi celui des éditeurs de livres scolaires. Nul ne symbolise mieux cette réussite que Louis Hachette. Il se spécialise d'emblée dans l'édition scolaire : le premier catalogue (1832) de sa Librairie classique compte déjà 24 pages et propose aussi des ardoises, de la craie, des crayons, des compas et des bons points! A la suite des lois Guizot, il reçoit une commande massive du ministère de l'Instruction publique : 500 000 *Alphabet des écoles*, 100 000 *Livret élémentaire de lecture*, 40 000 *Arithmétique* de Vernier, 40 000 *Géographie* de Meissas et 40 000 livres d'histoire de madame de Saint Ouen dont il fera par la suite un extraordinaire best-seller!

Les affaires deviennent vite florissantes. 5 employés en 1833, 16 en 1840, 165 en 1864 et 434 en 1881 : jamais aucune maison d'édition n'avait atteint une telle taille en France. Cette croissance, que symbolise l'imposant bâtiment construit sur le boulevard Saint-Germain (et abandonné en 1995), s'appuie sur une stratégie mûrement élaborée en direction des milieux enseignants (*Revue de l'instruction publique*, 1842). Mais Hachette diversifie sa production, vers de nouveaux publics, enfantins (*La Semaine des enfants*, 1857) ou autres (*Journal pour tous*, 1855). *Le Tour du monde* (1860), hebdomadaire de récits de voyages placé sous la direction d'Edouard Charton, remporte un énorme succès, en partie grâce à l'emploi généreux de la gravure sur bois.

Quand Hachette meurt en 1864, après avoir hissé sa maison au premier rang français, il est devenu un éditeur de littérature générale.

La manne du livre scolaire

A la librairie Belin, dont les origines sont anciennes, le fleuron restera pour toujours un livre de lecture, l'incontournable *Tour de la France par deux enfants* de G. Bruno (en fait, Mme Alfred Fouillée), publié en 1877 et qui en est en 1902 à sa 307e édition – plus de 8 millions d'exemplaires au total! La maison fondée

UNE SPECTACULAIRE CROISSANCE 59

Dès ses premières années, la librairie Hachette travaille à grande échelle et on y brasse des quantités jusque-là inconnues dans l'édition française. L'entreprise va rapidement se structurer en préfigurant les modernes maisons d'édition (ci-contre, le service des expéditions). La commande de manuels scolaires de 1833 donne une exceptionnelle impulsion à l'entreprise, qui n'a que sept ans d'existence (à gauche, un des premiers catalogues) : «On mit plusieurs mois pour en faire l'expédition», se souviendra un employé. De l'Ancien Régime au XXe siècle, l'édition scolaire aura toujours été un secteur lucratif.

Le *Tour de la France par deux enfants* (ci-dessous), livre de lecture courante, l'un des best-sellers du siècle, est le plus grand succès de la Librairie Belin.

en 1838 par Victor Masson, ancien employé de Hachette, spécialisée dans la médecine et les sciences naturelles, publie ouvrages d'anatomie et revues scientifiques, y compris de vulgarisation. Un de ses titres de gloire est le *Dictionnaire encyclopédique des sciences médicales*, en cent volumes.

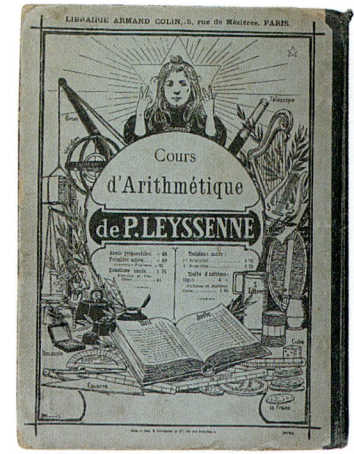

Armand Colin assied la réussite de sa maison sur la *Grammaire* (1870) de Larive et Fleury, un joli jeu de mots pour une matière austère. A cette occasion, il inaugure un système promis à un bel avenir : l'envoi de spécimens aux enseignants. Au-delà du livre scolaire, il élargit sa production au domaine universitaire, notamment à l'histoire, avec Lavisse, et à la géographie, avec la publication en 1894 de l'*Atlas général* de Vidal de La Blache. A sa mort en 1900, son catalogue compte déjà 1 100 titres, et plusieurs périodiques. A la fin du siècle, Fernand Nathan profite des lois de Jules Ferry pour se lancer à son tour dans l'édition scolaire, et se spécialiser dans le matériel éducatif.

Livres bien-pensants

Au livre scolaire encore austère mais qui se pare progressivement d'illustrations s'opposent dès les années 1840 les couvertures chatoyantes des livres de prix. Ces ouvrages, issus de l'édition catholique provinciale, privilégient la morale, l'histoire et la littérature. Les titres édifiants, regroupés dans des collections assez semblables munies de

Fils de libraire, Armand Colin a travaillé chez Firmin Didot et Delagrave. Il s'établit à son compte en 1870, associé à Louis Le Corbeiller, et se spécialise d'abord dans l'enseignement primaire (à gauche, un manuel d'arithmétique). Après 1885, il étend son activité à l'enseignement secondaire, puis à la littérature générale. Il contribuera à lancer la bande dessinée avec les aventures de *La Famille Fenouillard* de Christophe et avec les *Facéties du Sapeur Camember*.

Apparue au siècle précédent dans les collèges, la pratique de la distribution des prix, toujours des ouvrages, remis solennellement à la fin de l'année scolaire, se généralise au XIXe siècle. Les livres offerts sont de présentation de plus en plus soignée. Ci-dessous, un livre donné en prix de travaux d'aiguille en 1898.

DES COLLECTIONS ÉDIFIANTES 61

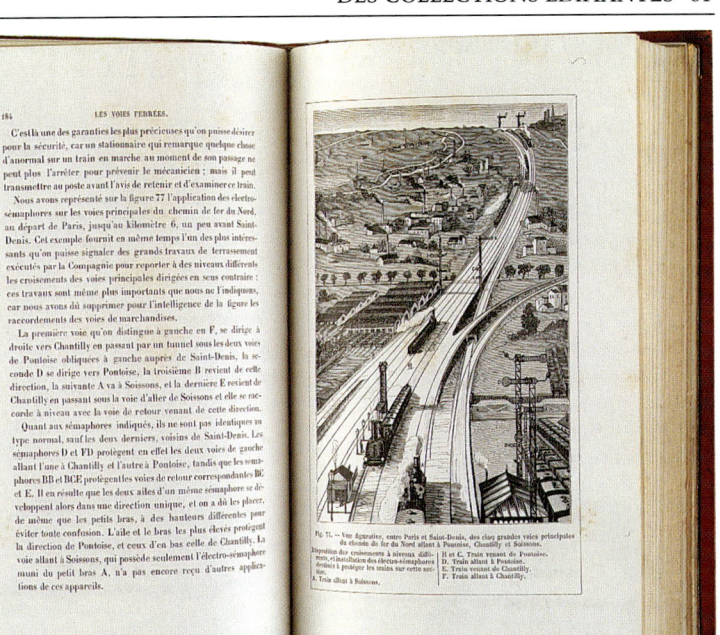

l'approbation épiscopale, inondent le marché français, lucratif et stable.

Voici, à Limoges, la «Bibliothèque religieuse morale et littéraire» de Martial Ardant. A Rouen, Sébastien Mégard fonde en 1850 la «Bibliothèque morale de la jeunesse» qui, en un demi-siècle, diffusera 2 666 éditions et probablement plus de 10 millions d'exemplaires. Alfred Mame (1811-1893), héritier d'une dynastie fondée au siècle précédent, installé à Tours, est sans doute le plus grand de tous et le plus précoce en fondant en 1840 la «Bibliothèque de la jeunesse chrétienne», au succès exceptionnel. La production annuelle, très standardisée, s'élève, à la fin du Second Empire, à 6 millions de volumes, vendus à des prix défiant toute concurrence! Et cette immense entreprise pratique une politique sociale regardée par les contemporains comme exemplaire.

Comme la plupart des éditeurs scientifiques et universitaires, la librairie Masson s'est installée, dès l'origine, au Quartier latin et ne le quittera pas. Victor, puis son fils Georges, qui lui est associé dès 1859, la hissent au premier rang dans son domaine. Ils offrent un riche catalogue d'ouvrages et de revues scientifiques de référence, mais aussi de vulgarisation, comme le périodique *La Nature*, fondé en 1873 dans un esprit très positiviste (ci-dessus, ouvrage sur les voies ferrées).

«Les Malheurs de Sophie»

Il existe une autre littérature, plus récréative, véritablement écrite pour des enfants et qui connaît un extraordinaire essor dans la seconde moitié du siècle. La comtesse de Ségur en est restée l'exemple le plus accompli. Hachette, quand il crée la «Bibliothèque rose», d'abord simple section de la «Bibliothèque des chemins de fer», s'appuie sur cette féconde narratrice, qui signe en 1855, à cinquante-cinq ans, son premier contrat et lui donnera 20 volumes en dix-huit ans, dont les titres font encore partie de l'univers enfantin : *Les Petites Filles modèles* (1857), *Les Mémoires d'un âne* (1859) dont 70 000 exemplaires sont vendus de 1860 à 1864, *Les Malheurs de Sophie* (1859), etc. Le succès de ses romans, illustrés avec talent par Bertall et Castelli, durera longtemps, et, encore en 1975, 370 000 seront vendus dans la «Bibliothèque rose».

Hetzel : au bonheur des enfants

Pierre Jules Hetzel (1814-1886) est un cas à part dans l'histoire du livre de jeunesse. Il aborde le secteur dès 1843 par la publication d'une collection, le «Nouveau magasin des enfants», composée de 20 volumes

Et voilà Sophie qui se met la tête sous la gouttière.

Sophie Rostopchine, comtesse de Ségur, n'a pas fait fortune avec ses livres : les sommes forfaitaires qu'elle demande pour chaque titre, bien faibles en regard des tirages, sont destinées à des œuvres de charité. Quand l'éditeur et le correcteur modifient son texte, la comtesse rappelle que ses histoires sont bâties sur des faits authentiques, mais elle semble céder souvent. A gauche, la comtesse, âgée de quarante ans; ci-dessus, une gravure des *Malheurs de Sophie*.

ÉDUCATION ET RÉCRÉATION 63

illustrés, écrits spécialement par des auteurs de talent. Parmi eux, un certain Stahl n'est autre qu'Hetzel lui-même. Revenu de son exil de Belgique, où il n'avait pas cessé d'éditer, il se spécialise dans les publications à destination de la jeunesse. Tandis que les premiers succès récompensent Jules Verne, il lance le *Magasin d'éducation et de récréation* (1864), au titre significatif de son programme pédagogique et d'une qualité jusqu'ici inconnue dans ce type de publication. Il y profite de la collaboration de Jean Macé, l'auteur de *L'Histoire d'une bouchée de pain*. Au travers de plusieurs collections, la «Bibliothèque d'éducation et de récréation» et la «Petite Bibliothèque blanche» proposent des ouvrages inédits et à bon marché.

Devenu, avec Hachette, le grand spécialiste de la littérature enfantine en supplantant les éditeurs provinciaux, il est aussi le promoteur des livres d'étrennes, une pratique qui ne cesse de se développer au XIXe siècle. L'illustration y tient une place elle-même croissante. Les beaux cartonnages! Ils donnent un air luxueux à ces livres, dont les auteurs sont soigneusement choisis.

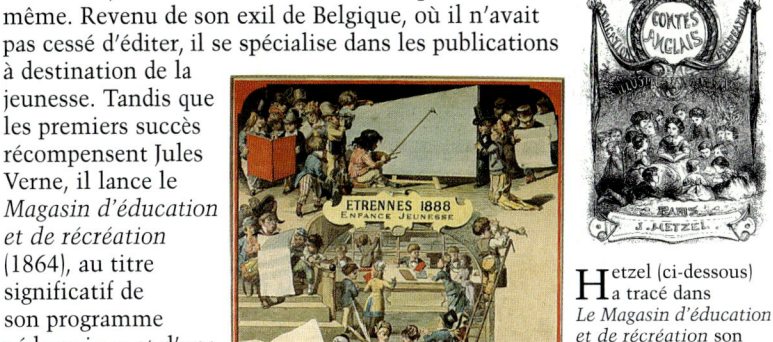

Hetzel (ci-dessous) a tracé dans *Le Magasin d'éducation et de récréation* son programme : «Il s'agit pour nous de constituer un enseignement de famille, dans le vrai sens du mot, un enseignement sérieux et attrayant à la fois, qui plaise aux parents et profite aux enfants. Education, récréation sont à nos yeux deux termes qui se rejoignent.»

64 TOUTES SORTES DE LIVRES

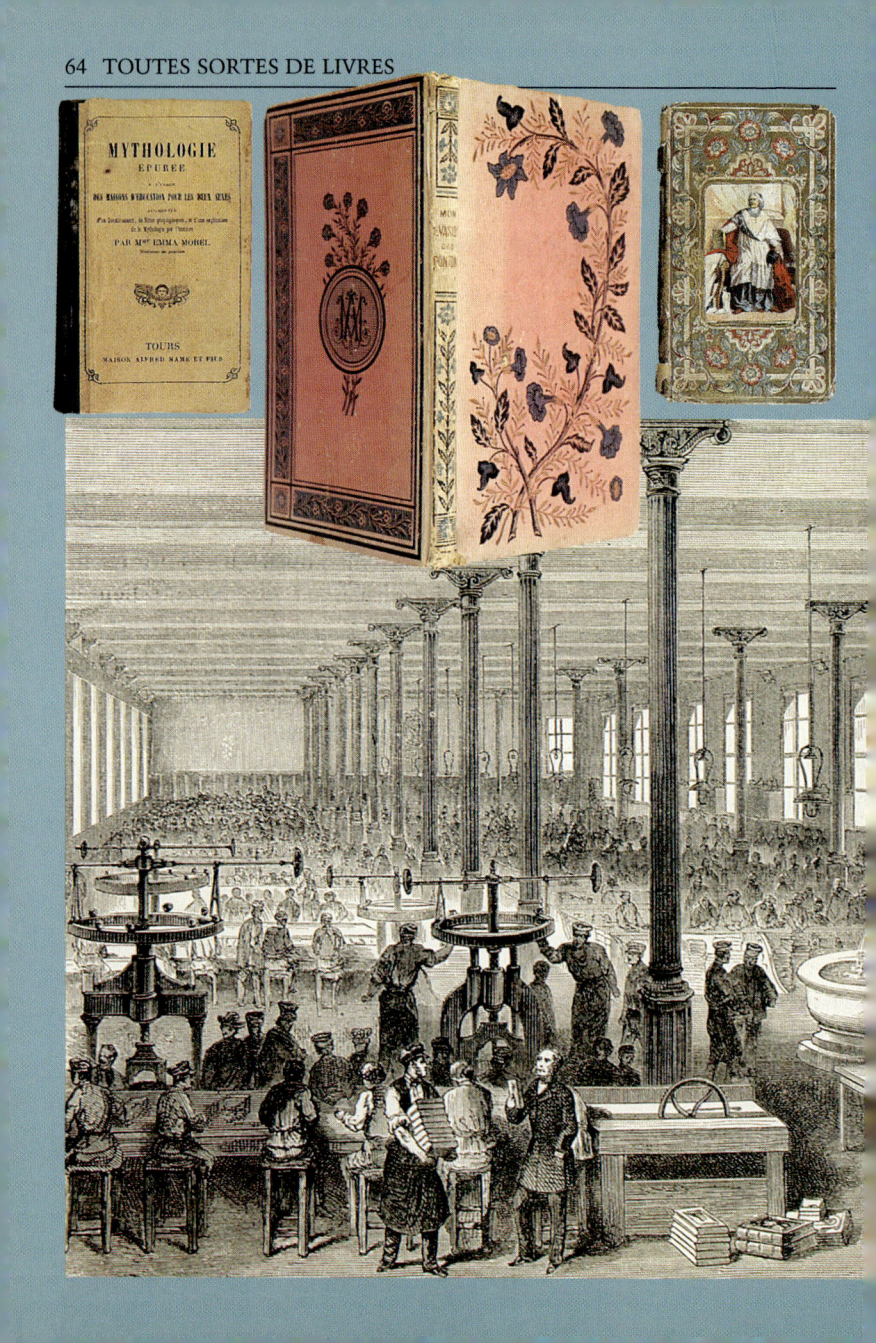

L'IMPRIMERIE MAME, À TOURS

Les bâtiments construits par Alfred Mame à Tours illustrent la prospérité de l'entreprise. En 1848, elle emploie déjà «six cents ouvriers, ouvrières et enfants», pour une production de trois millions de volumes. Les bâtiments, rationnellement reconstruits en 1853, abritent, outre une imprimerie, des ateliers de brochage (à gauche) et de reliure et une librairie, qui peuvent accueillir plus de 1 000 ouvriers. Ils s'efforcent d'être spacieux et agréables : lumière du jour et fontaine au milieu de l'imprimerie. Une des raisons du succès de Mame réside dans l'abaissement des coûts : concentration verticale de toutes les activités de fabrication, production standardisée et mécanisation très poussée lui donnent, vers 1870, la capacité de «sortir» chaque jour 20 000 volumes de dix feuilles! Les ouvrages issus de ces ateliers sont très marqués par des préoccupations morales et religieuses. En haut, de gauche à droite : *Mythologie épurée à l'usage des maisons d'éducation pour les deux sexes*; *Mon évasion des pontons*; *Histoire* de Bossuet; le catalogue de la collection «Bibliothèque de la jeunesse chrétienne»; une édition illustrée des *Fables* de La Fontaine.

ŒUFS

(Œufs réduits d'un tiers environ.) 1. De bondrée. — 2. De faucon. — 3. D'épervier. — 4. De merle. — 5. De grive. — 6. De freux. — 7. De bruant proyer. — 8. De gros-bec. — 9. De moineau. — 10. Pinson. — 11. De pipit. — 12. De bruant des roseaux. — 13. De coucou. — 14. De petit oiseau-mouche. — 15. De mésange. — 16. De troglodyte. — 17. De sittelle. — 18. De rossignol. — 19. De roitelet. — 20. D'accenteur. — 21. De bruant fou. — 22. D'effarvate. — 23. De rousserolle. — 24. De fauvette. — 25. De mésange. — 26. D'hypolaïs. — 27. De jaseur. — 28. De loriot. — 29. De jacana. — 30. De grouse. — 31. De lagopède. — 32. De faisan. — 33. De perdrix. — 34. De caille. — 35. D'avocette. — 36. De chevalier arlequin. — 37. De pluvier guignard. — 38. De pluvier de Virginie. — 39. De vanneau. — 40. De chevalier cul-blanc. — 41. De sterne hybride. — 42. D'hirondelle de mer. — 43. De sterne de Rüppell. — 44. De goéland. — 45. De plongeon. — 46. De guillemot. — 47. De grand pingouin. — 48 et 49. De macareux. — 50. De grèbe. — 51. D'émyde. — 52. De tortue mauritanique. — 53 et 54. De roussettes. — 55. De squale. — 56. De chimère. — 57. De langouste. — 58. De seiche. — Grossis de 7 et 8 fois: 59. D'arctia. — 60. D'eidalie. — 61. De nemoria. — 62. De colixa. — 63. De dibalus. — 64. De satyre. — 65. De cyclopide. — 66. De laphygma. — 67. D'acosmetia. — 68. D'œnemone. — 69. D'attacus. — 70. De liménitis. — 71. De bryophila. — 72. Deuxième.

Petits et grands Larousse

Proches du livre scolaire, car ils ont une finalité éducative, encyclopédies et dictionnaires continuent d'attirer une clientèle régulière. Les grandes entreprises du XIXe siècle ne sont pas moins spectaculaires que leur illustre devancière. La plus célèbre est l'œuvre de Pierre Larousse. Son *Grand Dictionnaire géographique, mythologique, bibliographique, littéraire, artistique, scientifique du XIXe siècle* sort en fascicules en 1863, très peu de temps après son rival, le Littré. Sa parution s'échelonnera jusqu'au 15e volume, publié en 1876, un an après la mort de l'auteur. Pour mener à bien son ouvrage, plus de 20 000 pages au total, qui demeurent une incontournable référence sur son époque, Larousse s'était entouré d'une centaine de collaborateurs. De nombreuses publications du même genre suivront, comme le *Nouveau Larousse illustré* en sept volumes (1897-1904).

Littré commence à faire paraître en 1863 chez Hachette le *Nouveau Dictionnaire de la langue française*, résultat d'un travail de longue haleine puisque le premier contrat avait été conclu en 1841! La préoccupation encyclopédique touche en fait tous les domaines du savoir. L'*Encyclopédie théologique* de l'abbé Migne, qui compte 171 volumes, reste un des grands monuments du siècle. L'*Encyclopédie Roret*, commencée sous la Restauration et qui continuera jusqu'en 1939, se compose de manuels techniques très complets, dont certains reprennent parfois des titres publiés ailleurs.

Le livre religieux

Le marché du livre religieux détient toujours une part importante, de 10 à 20 % du total. Les ouvrages classiques de piété, bibles, missels, recueils de cantiques, catéchismes, qui étaient resté l'ultime source de profits

Pierre Larousse (à gauche, âgé de quarante ans) et Emile Littré (caricature ci-dessous), auteurs des deux grands dictionnaires du siècle, se sont livrés à une concurrence acharnée. Mais leurs méthodes différaient sensiblement. Littré travaillait avec peu de collaborateurs, dont sa femme et sa fille. Larousse, entouré d'une équipe de spécialistes, planifiait et contrôlait le travail. Ancien instituteur, il s'était d'abord fait éditeur pour publier des grammaires et, en 1856, un ancêtre du *Petit Larousse*. Pour mener à bien son grand ouvrage, «l'équivalent de 200 volumes in-8°», écrit-il, il abandonne l'édition et loue une imprimerie à côté de laquelle il s'installe. Ses successeurs perpétueront la tradition en variant les formules éditoriales, faisant du patronyme un nom commun (à gauche, une planche du *Larousse illustré*).

des éditeurs provinciaux d'Ancien Régime, continuent de leur assurer de substantiels revenus. Cette production massive est concentrée entre les mains de quelques gros éditeurs spécialisés de Paris, regroupés dans le quartier de Saint-Sulpice, et de province. Ici encore, Mame l'emporte largement sur ses concurrents et exploite à fond le renouveau liturgique et l'essor de l'enseignement catholique.

S'il a son domaine d'élection dans les ouvrages d'édification morale, à destination souvent enfantine comme les innombrables *Contes* du chanoine Schmid, traduits à partir de 1830, le marché du livre religieux se nourrit aussi de controverses et de polémiques. Les *Paroles d'un croyant* de Félicité de Lamennais, publié par Eugène Renduel, un des grands éditeurs romantiques, connaissent nombre d'éditions et, dès la première année (1834), les 100 000 exemplaires sont atteints. L'ouvrage de Renan, la *Vie de Jésus*, publié en 1863, la plus grosse vente du siècle, fait la fortune de son éditeur, Michel Lévy. Renan lui-même touche 72 500 francs en quatre mois pour les 50 000 premiers exemplaires.

Nouveautés et classiques

La culture française, notamment celle dispensée à l'école, reste marquée par le goût classique. La Fontaine est sans doute l'auteur le plus imprimé de la première moitié du XIXe siècle. Des auteurs comme Fénelon (seulement son *Télémaque*), Racine et Molière, Rousseau (55 éditions de *La Nouvelle Héloïse* entre 1816 et 1850), Voltaire, Florian (grâce à ses *Fables*) restent des valeurs sûres.

La nouveauté est d'un débit moins assuré. Certes, le roman, longtemps considéré comme suspect, particulièrement pour les femmes – «Jamais fille chaste n'a lu de romans», a pu écrire Rousseau –, est, à partir de l'époque romantique, à la mode, au point que Sainte-Beuve parle à son sujet de «littérature industrielle». Il gagne des

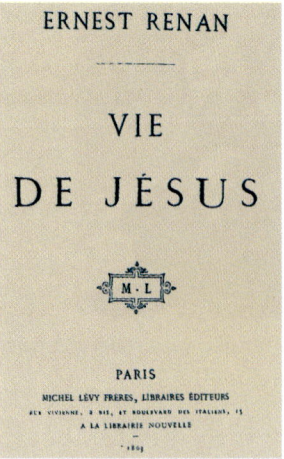

Renan a raconté sa rencontre avec Michel Lévy : «Toujours j'avais songé à écrire, mais je ne croyais pas que cela pût rapporter un sou. Quel fut mon étonnement le jour où je vis entrer dans ma mansarde un homme à la physionomie intelligente et agréable, qui me fit compliment sur les articles que j'avais publiés et m'offrit de les réunir en volumes.» Le succès de *La Vie de Jésus* (ci-dessus) est dû en partie à sa condamnation virulente par l'Eglise.

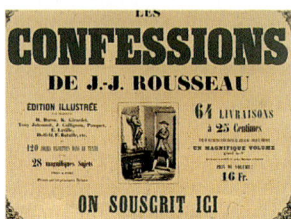

classes nouvelles de la société. Certaines littératures vivent surtout l'espace d'une ou deux générations. Ainsi en est-il du roman noir, un genre apparu en Angleterre à la fin du XVIIIe siècle avec *Le Moine* de Lewis et qui influera sur le romantisme français.

La plupart des mouvements littéraires ont un éditeur attitré, qui les soutient avant même parfois qu'ils parviennent au grand jour; tels sont Eugène Renduel et le romantisme, Charpentier et le naturalisme, par exemple. Alphonse Lemerre, spécialisé dans la poésie, installé en 1865 passage Choiseul, amassera une coquette fortune par la qualité de sa production et en devenant l'éditeur des poètes du Parnasse.

"Les concierges aiment les romans d'aventures, les bourgeois aiment les romans qui les émeuvent, et les vrais lettrés n'aiment que les livres artistes incompréhensibles pour les autres."
Maupassant, *Bel-Ami*

Le développement de l'enseignement contribue à faire des grands écrivains les valeurs sûres de l'édition (à gauche, prospectus pour les *Confessions*).

Le roman historique est, lui aussi, un genre à succès, qu'illustrent les romans de Walter Scott, popularisé par l'éditeur Charles Gosselin à partir de 1820.

La littérature est-elle populaire?

Les professionnels du feuilleton des années 1840 et 1850 sont-ils réellement des auteurs de littérature populaire? Sans doute faut-il attendre les journaux à 5 centimes, à partir de 1863, dont les tirages sont sans commune mesure, pour employer l'expression. D'un bout à l'autre du siècle, les chiffres moyens de tirage des nouveautés augmentent. Les auteurs les plus édités ne sont pas toujours ceux dont l'histoire a retenu le nom. Que l'on songe au prolifique Paul de Kock (1793-1871), qui se vantait d'avoir écrit plus de 400 ouvrages : ses romans humoristiques et même un peu grivois sont tombés dans un oubli mérité. A la fin du siècle, la série des *Batailles de la vie* de Georges Ohnet, dont *Le Maître de forges* (1882), séduisent un très nombreux public petit-bourgeois.

La poésie ne peut compter que sur de faibles tirages : seulement 500 pour les *Méditations* de Lamartine (mais les nombreuses rééditions en feront un des grands succès du romantisme); 1 200 pour *Les Fleurs du mal* (1857), 600 pour *Parallèlement* de Verlaine (1889), mais 9 000 pour *La Légende des siècles* (1859). Les romanciers de la fin du siècle, tel Emile Zola, atteignent des chiffres qui auraient laissés pantois leurs prédécesseurs : *L'Assommoir*, paru en 1877, en est à 145 000 à la mort du romancier, en 1902. *Nana*,

L'œuvre du prolixe Paul de Kock (à gauche) ou de Georges Ohnet (ci-dessous) est presque oubliée. Ils furent pourtant des phénomènes d'édition. «Belle chose que d'entendre de sots compliments sur des œuvres écrites avec notre sang et qui ne se vendent pas, tandis que M. Paul de Kock se vend à 3 000.» (Balzac à Mme Hanska, août 1835).

publié à 55 000 exemplaires en 1879, connaît plus de 80 éditions en un an!

L'histoire

Passion française qui ne s'est jamais démentie, l'histoire est l'objet d'une vaste littérature. Le goût des mémoires se nourrit, dès la Restauration, des récits de la Révolution et de l'émigration, bientôt suivis par ceux de l'épopée napoléonienne, véritable légende qu'entretient aussi l'imagerie.

De son côté, l'histoire érudite est stimulée par la création d'institutions variées, telles que l'Ecole des Chartes (1821), le Comité des travaux historiques et scientifiques, par le développement de l'archéologie et l'intérêt porté aux monuments du passé : revues savantes, éditions de textes et de «sources» (parfois financées par le gouvernement), monographies locales et larges synthèses. La production historique, qualitativement très inégale, croît à grande vitesse, atteignant parfois un vaste public, comme les ouvrages de Michelet. Certaines œuvres sont de grandes entreprises s'étalant sur des dizaines d'années, comme l'*Histoire du Languedoc* que publie Privat.

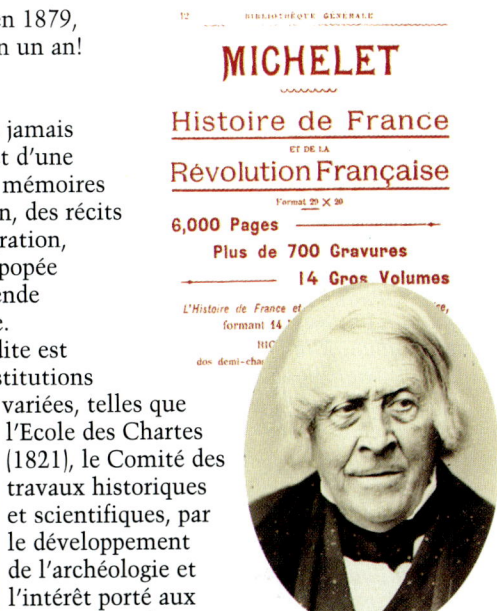

Jules Michelet (ci-dessus) incarne, au XIXe siècle, la popularité de l'édition historique, qu'il a largement contribué à renouveler. Fils d'un petit imprimeur, parvenu aux plus hautes fonctions enseignantes, il fait passer dans son œuvre abondante et variée, toute marquée de son style puissant et lyrique, ses idées démocratiques et républicaines. Son *Histoire de France* et son *Histoire de la Révolution française* (prospectus, en haut), publiées pour la première fois en 1847-1853, feront l'objet de nombreuses rééditions.

La science vulgarisée

Apogée des grands travaux d'érudition, le XIXe siècle est encore plus celui de l'élargissement de l'accès à la culture scientifique, sous des formes très variées : spectacles, musées, expositions universelles, enseignement. L'imprimé joue le rôle fondamental, se livrant à une véritable apologie des *Merveilles de la science*, pour reprendre le titre d'un ouvrage célèbre de Louis Figuier, paru en 1867. Ce mouvement, soutenu dans les années 1840 par les milieux saint-simoniens et positivistes, qui considèrent la science et la technique comme la base du progrès social, touche autant les enfants que les adultes.

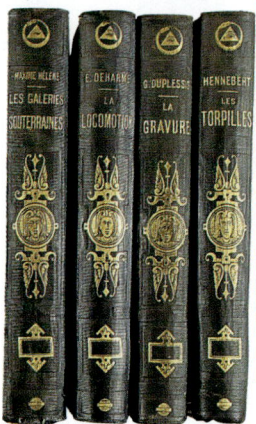

La vulgarisation scientifique, souvent à l'initiative d'éditeurs de livres et de journaux scientifiques, est dans un premier temps plus l'œuvre de publicistes spécialisés (Camille Flammarion, Amédée Guillemin, Wilfrid de Fonvielle) que des savants eux-mêmes,

Mettre la science à la portée de tous, c'est l'objectif des livres, largement illustrés, de Louis Figuier (ci-dessus). Ouvrages techniques et manuels pratiques font connaître les découvertes du siècle, comme la photographie ou l'électricité.

qui n'y participeront que tardivement. Comme dans d'autres domaines, cet effort s'inscrit sous le signe de «l'instruction amusante» d'Hetzel et d'Hachette.

Edouard Charton, un des grands hommes de la presse française, crée en 1864 la «Bibliothèque des merveilles» chez Hachette : géologie, médecine, physique… Le succès des ouvrages de Camille Flammarion, comme *L'Astronomie populaire*, qu'édite son frère Ernest en 1879, dépasse toutes les espérances. Il existe aussi une vulgarisation plus savante, qu'on trouve par exemple chez des éditeurs comme Masson, Baillière ou Doin. De son côté, Alcan lance en 1874 la collection de la «Bibliothèque scientifique internationale».

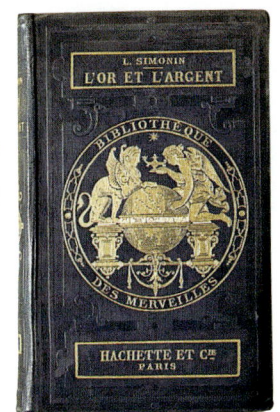

L'œuvre du siècle : Jules Verne

S'il y a un auteur dont le progrès scientifique a enflammé l'imagination, c'est bien Jules Verne. L'aventure commence en 1862, quand Hetzel reçoit le manuscrit intitulé *Voyage en l'air*, inspiré des expériences en ballon de Nadar. L'éditeur flaire le succès, demande à l'auteur de nombreuses corrections, rapidement exécutées, et lui fait signer à la fin de l'année un premier contrat, pour ce qui devient *Cinq Semaines en ballon*. Un auteur, le plus lu du XIXe siècle, est né. La collaboration et même l'amitié entre Hetzel et Jules Verne ne se démentiront jamais.

Jules Verne s'engage à fournir deux ou trois volumes par an, un rythme qu'il soutiendra aisément. La liste est longue, ponctuée de succès retentissants. Le programme a été exposé par l'éditeur : «Résumer toutes les connaissances géographiques, géologiques, physiques, astronomiques, amassées par la science moderne, et refaire, sous une forme attrayante et pittoresque qui lui est propre, l'histoire de l'univers.»

Financièrement, l'entreprise est fructueuse, plus encore peut-être pour l'éditeur que pour l'auteur.

Toutes les grandes maisons d'édition créent des collections de vulgarisation scientifique. Camille Flammarion inaugure la «Bibliothèque des merveilles» de Hachette avec ses *Merveilles célestes*. Scientifique reconnu et médiatique, il publie chez son frère *L'Astronomie populaire*, un ouvrage orné de chromolithographies (ci-dessus, une éruption solaire). Plus de 125 000 exemplaires seront vendus avant 1914.

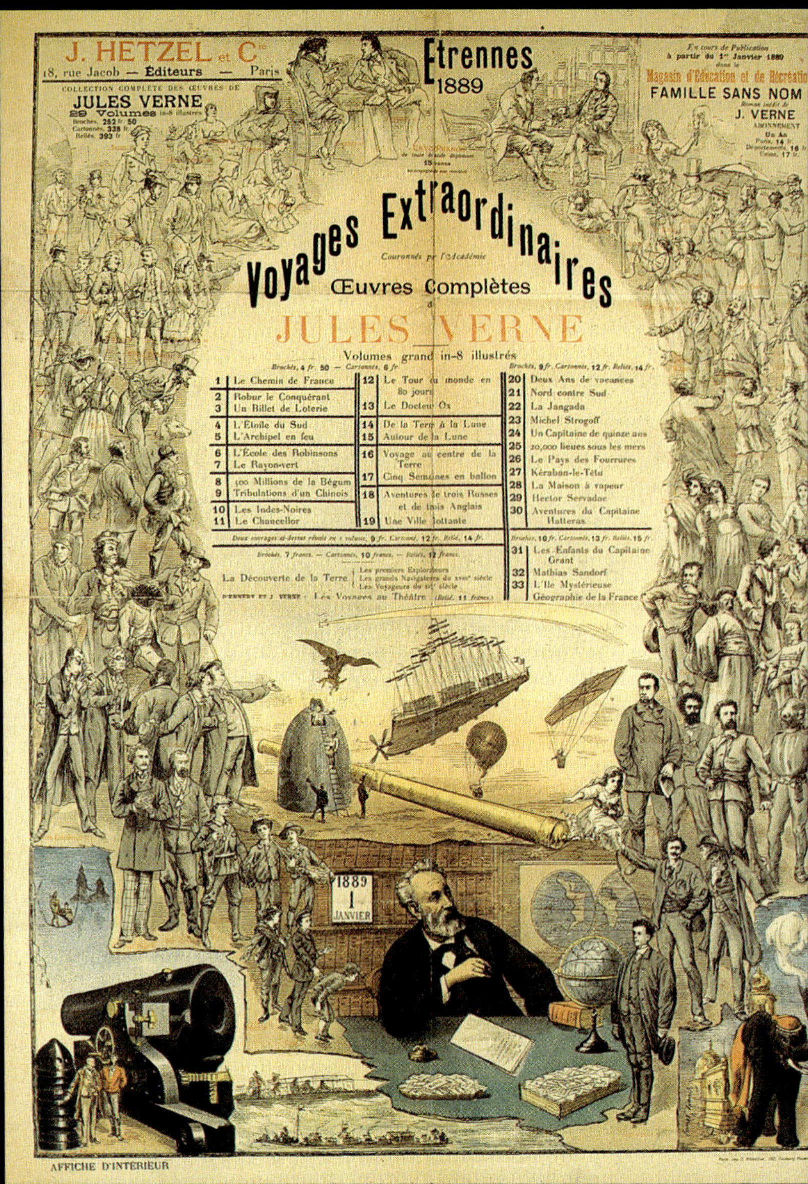
J. HETZEL et Cie
18, rue Jacob — Éditeurs — Paris
COLLECTION COMPLÈTE DES ŒUVRES DE
JULES VERNE
29 Volumes in-8 illustrés
Brochés, 252 fr. 50
Cartonnés, 338 fr.
Reliés, 393 fr.
Etrennes
1889
En cours de Publication
à partir du 1er Janvier 1889
dans le
Magasin d'Éducation et de Récréation
FAMILLE SANS NOM
Roman inédit de
J. VERNE
ABONNEMENT
Un An
Paris, 14 fr.
Départements, 16 fr.
Union, 17 fr.
Voyages Extraordinaires
Couronnés par l'Académie
Œuvres Complètes
de
JULES VERNE
Volumes grand in-8 illustrés
Brochés, 4 fr. 50 — Cartonnés, 6 fr.
1 Le Chemin de France
2 Robur le Conquérant
3 Un Billet de Loterie
4 L'Étoile du Sud
5 L'Archipel en feu
6 L'École des Robinsons
7 Le Rayon-vert
8 500 Millions de la Bégum
9 Tribulations d'un Chinois
10 Les Indes-Noires
11 Le Chancellor
12 Le Tour du monde en 80 jours
13 Le Docteur Ox
14 De la Terre à la Lune
15 Autour de la Lune
16 Voyage au centre de la Terre
17 Cinq Semaines en ballon
18 Aventures de trois Russes et de trois Anglais
19 Une Ville flottante
Deux ouvrages ci-dessus réunis en 1 volume, 9 fr. Cartonné, 12 fr. Relié, 14 fr.
Brochés, 9 fr. Cartonnés, 12 fr. Reliés, 14 fr.
20 Deux Ans de vacances
21 Nord contre Sud
22 La Jangada
23 Michel Strogoff
24 Un Capitaine de quinze ans
25 20,000 lieues sous les mers
26 Le Pays des Fourrures
27 Kéraban-le-Têtu
28 La Maison à vapeur
29 Hector Servadac
30 Aventures du Capitaine Hatteras
Brochés, 10 fr. Cartonnés, 13 fr. Reliés, 15 fr.
31 Les Enfants du Capitaine Grant
32 Mathias Sandorf
33 L'Île Mystérieuse
Brochés, 7 francs. — Cartonnés, 10 francs. — Reliés, 12 francs.
La Découverte de la Terre
Les premiers Explorateurs
Les grands Navigateurs du XVIIIe siècle
Les Voyageurs du XIXe siècle
Les Voyages au Théâtre (Relié, 11 francs.)
Géographie de la France
1889
1
JANVIER
AFFICHE D'INTÉRIEUR

JULES VERNE 75

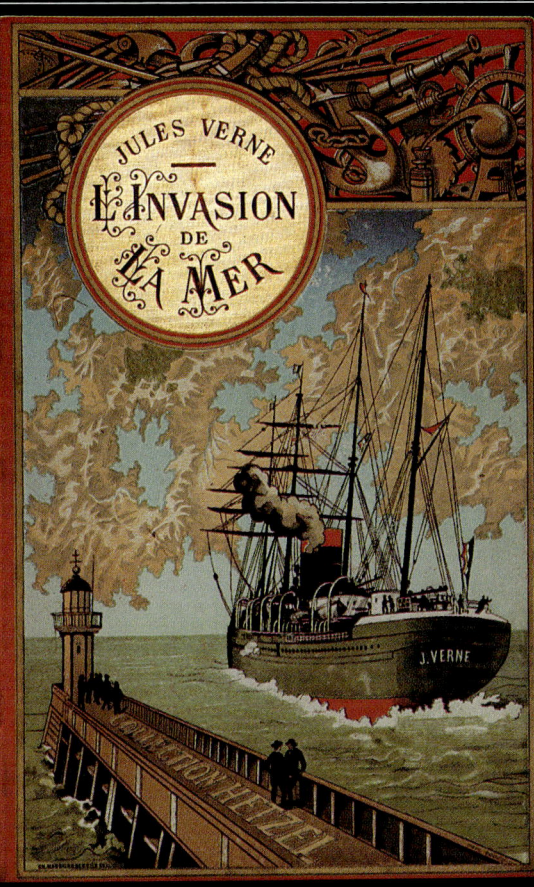

Rarement l'œuvre d'un auteur s'est autant identifiée à un éditeur que celle de Jules Verne, gloire d'Hetzel. L'écrivain a conscience des imperfections de son style et se range volontiers, mais pas systématiquement, aux suggestions de son ami, y compris pour l'ordonnancement du récit. «Est-ce que vous m'avez jamais trouvé récalcitrant dans la question des coupures ou réarrangements?», lui écrit-il en 1864. L'éditeur a néanmoins peur d'aller un peu loin : «Ai-je raison, mon cher enfant, de vous traiter en fils cruellement, à force de vouloir ce qui est bon? Ceci va-t-il retourner votre cœur contre celui qui ose vous avertir si durement?» En page de gauche, une affiche de 1889 fait figurer tous les héros de Jules Verne. Ci-contre, le détail d'un contrat de 1887. Ci-dessus et en haut à gauche, deux exemples des si caractéristiques cartonnages.

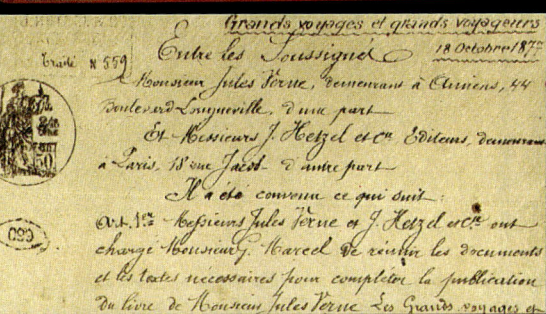

Celui-ci reçoit 500 francs pour son premier titre, 3 000 par la suite et 6 000 à partir de 1871, puis, après 1875, il est intéressé à la vente. Chacun de ses livres se vend à plusieurs dizaines de milliers d'exemplaires, dans diverses éditions dont la plus célèbre reste la collection des « Voyages extraordinaires », de plus grand format, revêtue de splendides cartonnages et riche de ces images qui ont contribué au succès de l'écrivain visionnaire.

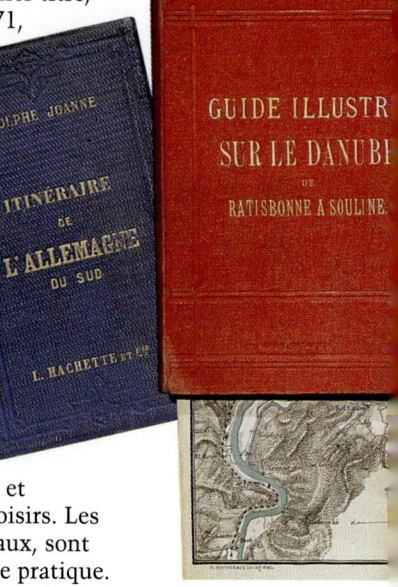

Les ouvrages pratiques

Avec la baisse des coûts de fabrication, on voit se multiplier les ouvrages utilitaires, concernant la santé et la vie quotidienne, tout autant que les loisirs. Les nombreux almanachs, nationaux ou locaux, sont parfois de véritables anthologies de la vie pratique. Les ouvrages de cuisine se taillent une part de choix : parmi les meilleures ventes de la première moitié du siècle, on trouve des ouvrages comme *La Cuisinière bourgeoise*, publié au XVIIIe siècle, réédité 32 fois entre 1815 et 1840.

Manuels d'hygiène ou d'automédication foisonnent.

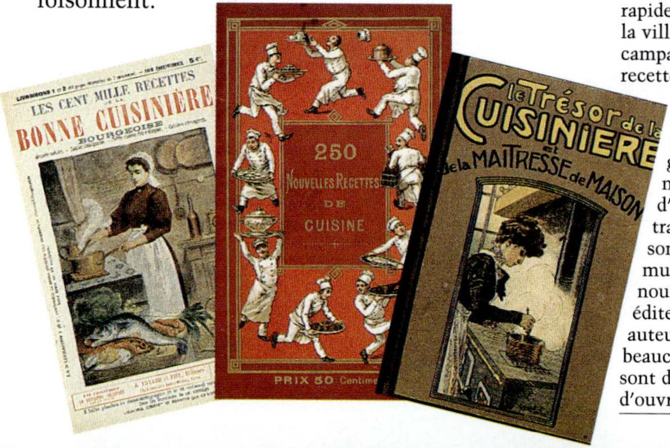

Boire et manger ont toujours tenu une place importante en France, mais la réputation de la cuisine française date surtout du XIXe siècle. Manuels de cuisine rapide ou raffinée, pour la ville ou la campagne, livres de recettes (y compris régionales), art de bien se nourrir, guides gastronomi-ques, manuels d'enseigne-ment, traités de sommellerie se multiplient nourrissent bien les éditeurs et leurs auteurs, même si beaucoup de titres sont des rééditions d'ouvrages anciens.

RELIEFS ET GASTRONOMIE 77

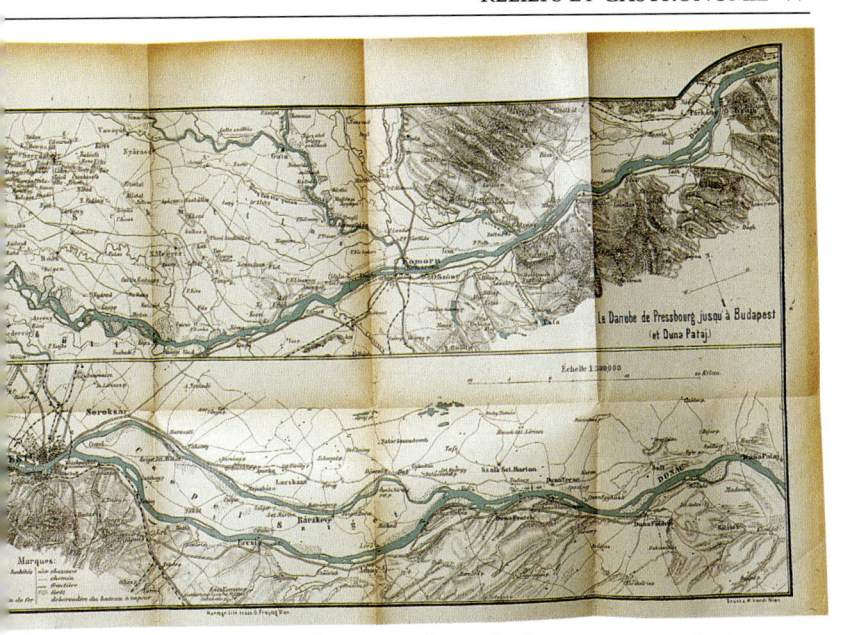

Le Danube de Pressbourg jusqu'à Budapest (et Duna Pataj)

Les ouvrages liés aux prophéties et à l'astrologie restent fréquents, héritiers d'un genre qui avait fait les beaux jours de la Bibliothèque bleue, elle même en déclin irréversible. On compte de nombreux titres de chiromancie, de cartomancie, ou portant sur l'art d'interpréter les songes. Les sports, comme l'éducation physique, l'équitation ou la pêche font aussi l'objet d'une littérature croissante.

Si le récit de voyage a fait depuis longtemps ses preuves, le développement du tourisme donne naissance à un nouveau style, le guide de voyage, dont plusieurs maisons d'édition vont constituer des collections spécifiques. Celles-ci connaîtront une telle fortune que leur présentation restera figée jusqu'à une époque récente. Parmi les plus connues, les Guides Baedeker, à couverture rouge, sont traduits de l'allemand. Adolphe Joanne, un des fondateurs de *L'Illustration*, et lui-même auteur de plusieurs titres, reçoit dès 1855 la charge de superviser la collection de Louis Hachette qui prendra le nom de «Guides bleus» en 1919.

Les guides de voyage prospèrent au siècle du chemin de fer avant celui de la bicyclette et de l'automobile. Les guides de l'allemand Reichard, traduits à partir de 1793, sont parmi les premiers. Ils seront adaptés sous le nom de Guides Richard, eux-mêmes supplantés par les guides Baedeker, également d'origine germanique puis par les guides Joanne. Celui-ci publie son premier ouvrage en 1841 avant de travailler pour Hachette à partir de 1866 (à gauche, guide Joanne de 1885). La cartographie de ces guides est souvent d'une grande précision (ci-dessus).

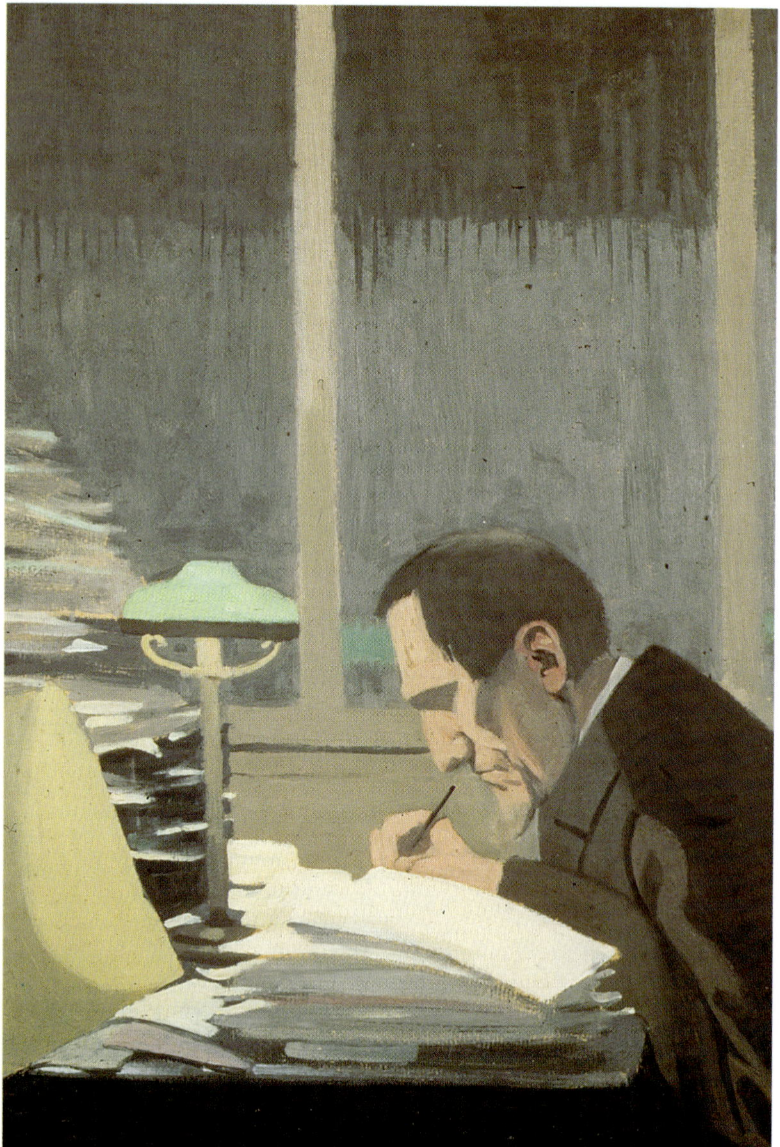

Sur sa lancée, et malgré quelques soubresauts, le livre poursuit, pendant la première moitié du XXe siècle, une expansion, que le cinéma et la radio, nouveaux venus dans l'univers des médias, ne menacent pas encore. Mais l'actualité de l'édition est d'abord dominée par la littérature.

CHAPITRE IV
LITTÉRATURES

En ces premières décennies du XXe siècle, la production littéraire fait l'actualité de l'édition. Mais, dans ce domaine, les grandes maisons fondées au siècle précédent sont dépassées par de nouvelles venues, parfois éphémères. A gauche, peint par Félix Valloton, l'écrivain et critique littéraire Félix Fénéon. Après avoir fondé la *Revue indépendante* (qui publia Verlaine), il dirige la *Revue blanche*. Ci-contre, une affiche publicitaire de Roger Parry pour *La Condition humaine*.

L'édition sombre, à la fin du XIXe siècle, dans la morosité. Les quelques «locomotives» aux tirages exceptionnels (Ohnet, Zola, Loti) ne peuvent masquer la baisse générale ni empêcher le naufrage de plusieurs grosses maisons. Louis Jules Hetzel, qui succède à son père en 1886, ne parvient pas à éviter le rachat, en 1914, par Hachette chez qui les 66 titres de Jules Verne formeront le fonds de départ de la «Bibliothèque verte», créée avec succès en 1924. Georges Charpentier est racheté par Fasquelle (1896), et Ollendorf par Albin Michel (1924). Cette crise épargne toutefois les éditeurs scolaires et universitaires.

LITTÉRATURE

Le temps des revues

Le souffle nouveau viendra des revues littéraires, nombreuses en cette fin de siècle à accueillir l'avant-garde de l'écriture et éprises de qualité. Depuis les années 1830, la *Revue des Deux Mondes* comme la *Revue de Paris* de Calmann-Lévy n'ont pas cessé de révéler des auteurs. *La Plume* de Léon Deschamps publie Verlaine (quand il est en froid avec ses éditeurs habituels, Vanier et Savine), Moréas et le premier prix Goncourt, John Antoine Nau. Durant quelques années, la *Revue blanche*, dirigée de 1891 à 1903 par les frères

Beaucoup de revues littéraires se doublent d'une maison d'édition. Ainsi Alfred Vallette, après avoir créé la revue du *Mercure de France*, fonde les éditions du même nom, qui publieront de nombreux grands auteurs français et étrangers. Ci-dessus, une réunion d'écrivains au Mercure de France en 1905 avec, entre autres, Jarry, Apollinaire, Paul Fort et Vallette (à droite). *La Nouvelle Revue Française* (ci-dessous) se crée en 1909. *Littérature* (à gauche) s'ouvrira aux courants les plus neufs, tel le dadaïsme quand Tristan Tzara s'installera à Paris en 1920.

LA NOUVELLE
REVUE FRANÇAISE

Périodique bimensuel fondé à Paris et à Bruxelles en 1889, la *Revue blanche* a aussi sa maison d'édition. Elle compte parmi ses collaborateurs Félix Fénéon, son éminence grise, et Léon Blum comme critique littéraire. Dans ses colonnes paraîtront les *Paysages de Chine* de Claudel et le *Journal d'une femme de chambre* de Mirbeau. La *Revue* apportera son soutien à la nouveauté, notamment aux nabis et au symbolisme (ci-dessus, une affiche de Pierre Bonnard).

Natanson, s'illustre en éditant avec un éclectisme consommé des titres aussi divers qu'*Ubu roi* d'Alfred Jarry ou *Quo vadis?* de Sienkiewicz. Le *Mercure de France*, créé par Alfred Vallette en 1890, fait connaître les poètes symbolistes.

Les *Cahiers de la Quinzaine*, lancés en 1900 par Charles Péguy, tiennent à la fois de la revue et du livre, car ils publient des romans entiers, en laissant une grande liberté à l'auteur. Quant à *Littérature*, fondée en 1919 par Aragon, Soupault et Breton, et véritable organe des surréalistes, elle donne naissance aux éditions Au sans pareil, qui accorderont une large place au livre de bibliophilie.

Monsieur Gaston

En février 1909, André Gide, Jean Schlumberger et Jacques Copeau créent la *Nouvelle Revue française*. Désireux de publier quelques livres, ils ouvrent, deux ans plus tard, un comptoir d'édition pour lequel ils recherchent un passionné de littérature possédant une certaine fortune... Ils le trouvent en la personne de Gaston Gallimard, le fils d'un collectionneur de tableaux, ami des Goncourt, de Renoir et de Monet. Il va donner une dimension exceptionnelle à la maison qui prend son nom en 1919 (Librairie Gallimard) et s'installe dix ans plus tard au siège actuel de la rue Sébastien-Bottin.

D'un goût très sûr, respecté et écouté de ses auteurs, il fait entrer dans son catalogue les plus grands noms de la littérature française de l'entre-deux-guerres, souvent dans la fameuse collection «Blanche» aux sobres couvertures entourées d'un double filet rouge et noir : Apollinaire, Aragon, Claudel, Martin du Gard, Proust et, plus tard, Camus, Giono, Michaux, Saint-Exupéry, Sartre... Par sa collection de littérature étrangère («Du monde entier»), il révèle au public français Kafka, Steinbeck, Faulkner. En 1933, il rachète les éditions de la Pléiade et crée la prestigieuse «Bibliothèque

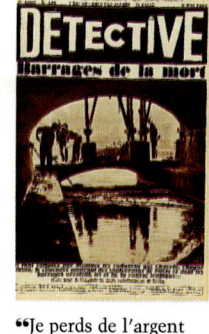

"Je perds de l'argent avec la *Nouvelle Revue française*, mais j'en gagne avec *Détective*."
Gaston Gallimard

Recruté en 1911 par les fondateurs de la *Nouvelle Revue française*, Gaston Gallimard (à gauche) s'impose rapidement comme le patron de la maison de la rue Sébastien-Bottin. Il saura diversifier sa production : *Détective* (en haut), hebdomadaire qu'il fonde en 1928, se consacre aux faits divers, mais avec la collaboration de nombreux auteurs maison.

de la Pléiade » : papier bible, typographie soignée, reliure en cuir, textes établis par les meilleurs spécialistes. Pour publier des écrivains à faible tirage, il soutiendra pendant quelques années sa maison d'édition par des ouvrages de débit plus facile ou des hebdomadaires bien éloignés de la littérature, traitant de faits divers comme *Détective*, ou d'actualité politique comme *Marianne*.

Bernard Grasset éditeur

A l'opposé de ces maisons développées autour d'une revue, Bernard Grasset se lance, en 1907, en publiant à 1 000 exemplaires *Mounette*, un roman écrit par son ami Henry Rigal. Dès 1909, il permet à Jean Giraudoux de faire ses débuts littéraires. Après son premier succès, *A la manière de...* de Paul Reboux et Charles Muller (1910), recueil de pastiches d'écrivains célèbres, il s'installe au 61, rue des Saints-Pères et décroche dès 1911 un prix Goncourt.

Bernard Grasset (ci-dessus) se lance dans l'édition sans appui ni formation particuliers. Admirateur de Péguy et de ses *Cahiers de la Quinzaine*, il témoigne d'une abnégation et d'une indépendance d'esprit qui l'imposent. Il a surtout une qualité essentielle : le flair. En quelques pages, il juge un manuscrit et détecte la réussite commerciale. Créée en 1907, sa maison obtient avant la guerre deux prix Goncourt et inscrit à son catalogue Mauriac, Giraudoux et Proust – ce dernier à compte d'auteur, pratique alors très courante.

PROCHAINES PARUTIONS

JANVIER :

114. LE PANIER DE CRABES
(Henry Kane)
Fleur les pivoines

FÉVRIER :

115. DOCK ET ONCLES
(Wade Miller)
Vaste de mouches!

116. STRICTEMENT CONFIDENTIEL
(W. H. Clarks)
On voit q'la c'est

117. SÉRÉNADE A GOÛT IRRITANT
(Harold Q. Masur)
Un millionnaire avant un vent doux

MARS :

118. A LA CASSEROLE
(Jimmy Sachs)
Et que ça saute

119. VIPÈRE AU SEIN
(James Hadley Chase)
La police dans les police.

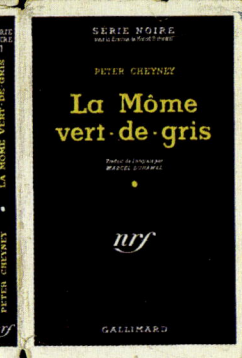

---

nrf

lire c'est partir un peu

Collection de romans étrangers

La Méridienne

SÉRIE NOIRE
nrf

PETER CHEYNEY

La Môme vert-de-gris

Traduit de l'américain par
MARCEL DUHAMEL

nrf
GALLIMARD

PETER CHEYNEY

Il y a une voix du nègre qui se rapproche que le boudoir d'Agasse s'entrouve c'est trop pour les gangsters. Mais la reine vient dire et la course à l'heure sa voix et entraînée dans l'escalier des bons anciens, la surprise est complète et le vieux professeur le premier. Au quart d'heure d'avance en a bien trompé à tirer papier des pistolets, moins dans le de ton étrange des quatre les traficoteurs, la mitraille et le fausse fureur hacie les ventes et le poulin, à coté des petites américaines qui accueillent les sortis ses frérégations du nord, par vengeance le demande dans l'étain d'aérer Muser ignoré le gentil pas prétier Christa, fait avec la Môme Vert-de-Gris.

MACAO
ET
COSMAGE

OU
L'EXPÉRIENCE
DU BONHEUR

P   A   R

EDY. LEGRAND

AUX ÉDITIONS DE LA
NOUVELLE REVUE FRANÇAISE
35,37, RUE MADAME
PARIS

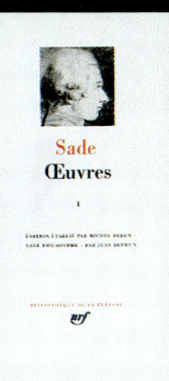

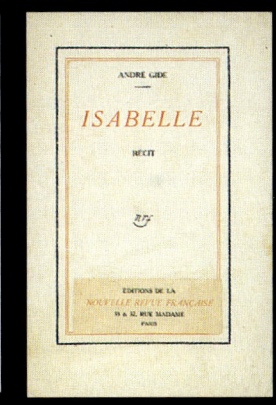

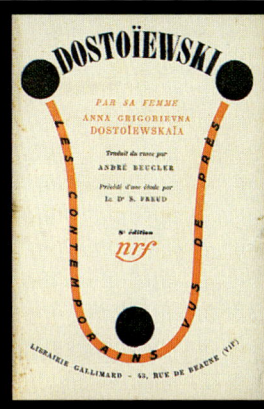

Un nombre d'auteurs impressionnant

Les éditions de la NRF ont montré dès le début une recherche de la qualité dans des domaines variés, parant leur catalogue de noms d'écrivains illustres ou appelés à l'être : Gide, Fargue, Claudel, Saint-John Perse, Renard, Larbaud, Martin du Gard... Les initiatives de la maison Gallimard ne se limitent pas à la littérature française ou étrangère. Elles s'exercent très tôt en direction de la poésie, du livre d'art, de la littérature enfantine, de l'encyclopédisme et, après guerre, de la littérature policière.

❞Je n'ai jamais cherché qu'à me constituer un fonds : car pour moi le profond plaisir du métier est dans la chasse, le dépistage, la révélation. Bref, la découverte.❞
Gaston Gallimard

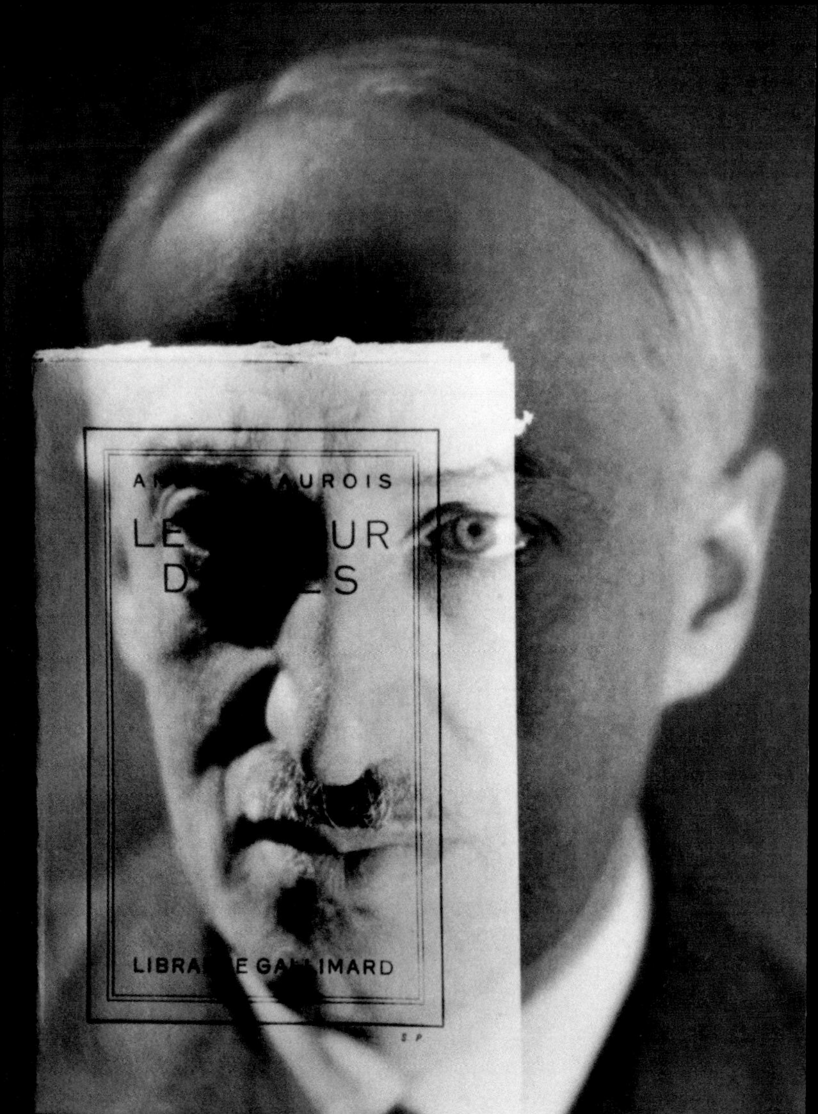

Une Collection

... la sienne
... demain la tienne

La Méridienne

L'essor commence après la guerre. Il lance sa fameuse collection des «Cahiers verts», l'inaugurant par *Maria Chapdelaine*, un roman paru peu auparavant au Canada et dont il arrache les droits à Payot pour en faire un succès mondial. Sa montée en puissance est impressionnante : il devient l'éditeur des «quatre M» (Mauriac, Maurois, Montherlant, Morand), de Giraudoux, de Cocteau, de Malraux dans ses premières œuvres... Indépendant, sûr de lui, il règne sur sa maison d'édition où il n'hésite pas à créer une collection au titre éloquent, «Pour mon plaisir».

La publicité pour le livre est une pratique déjà ancienne, et l'on a vu à la fin du siècle précédent

Grasset voulait donner aux ouvrages auxquels il croyait le maximum de chances. Jamais encore un éditeur n'a autant utilisé la publicité pour le lancement d'œuvres littéraires. L'exemple de *Maria Chapdelaine* est à cet égard significatif : alors que le roman a déjà été publié sans bruit en feuilleton dans *Le Temps* en 1914 et que son auteur est mort inconnu, Grasset, convaincu qu'il tient là un chef-d'œuvre, organise une campagne à la hauteur de ses espérances : envoi en très grand nombre d'exemplaires gratuits, y compris de luxe; grand service de presse, soulignant les valeurs traditionnelles du roman; création d'un comité Louis-Hémon; envoi d'exemplaires à des curés, en demandant en échange les adresses de cultivateurs qui pourraient être intéressés par l'ouvrage; publicité agressive mettant en avant des chiffres de vente très exagérés (à droite). Il obtient même du Président de la République, Raymond Poincaré, une lettre de quatre pages faisant l'éloge de ce «chef-d'œuvre».

Paul Morand, donna des romans à Gallimard et à Grasset. Le passage chez ce dernier fut largement relayé par la publicité (affiche ci-contre).

LE PLUS JEUNE ÉCRIVAIN DE FRANCE

175.000 exemplaires vendus en France en l'espace de sept mois

L'éloge de ce roman n'est plus à faire. Il a passionné la France entière et l'Académie Française, dans sa séance du 1er Décembre 1921, a solennellement proclamé que *Maria Chapdelaine* méritait de prendre place à côté des chefs-d'œuvre immortels de notre pays.

LOUIS HÉMON

des éditeurs comme Charpentier ou Flammarion organiser de véritables fêtes dont la presse ne manquait pas de se faire l'écho. Au-delà de la réclame, de plus en plus lancinante dans les journaux, les éditeurs de l'entre-deux-guerres inaugurent des méthodes destinées à faire fortune.

Après avoir conçu de main de maître le lancement de *Maria Chapdelaine* (1921), Grasset innove encore : pour la sortie du *Diable au corps* en 1923, il fait tourner une publicité cinématographique montrant Raymond Radiguet, le «plus jeune écrivain de France», en train de signer son contrat. Lors de la sortie de *La Brière* d'Alphonse de Châteaubriant, il invite des journalistes à visiter cette région de Loire-Atlantique afin qu'ils s'imprègnent de l'atmosphère du marécage. Les autres éditeurs savent aussi se montrer combatifs, tel Gallimard multipliant les publicités pour lancer les ouvrages de Paul Morand.

La distribution des prix

Une des raisons de ces surenchères est la course aux prix littéraires. Sans compter le prix Nobel de littérature fondé en 1901 et attribué cette année-là à un écrivain français, Sully Prudhomme, une foule de prix

Mort à vingt ans, Raymond Radiguet eut le temps de connaître le succès. Présentant son roman le 3 mars 1922, le jeune écrivain séduit immédiatement Grasset qui, persuadé de tenir un génie, lui fait signer un contrat dix jours plus tard. Après avoir obtenu de l'auteur un certain nombre de retouches, l'éditeur organise un lancement très médiatique. Une séquence d'actualité cinématographique montre Radiguet signant son contrat, précédée d'une bande annonce : «Le plus jeune romancier de France, M. Raymond Radiguet, vient de terminer son premier roman, *Le Diable au corps*.»

nationaux sont créés :
Goncourt (1903), Fémina,
d'abord appelé Vie heureuse
(1904), Grand Prix du Roman
de l'Académie française
(1918), Renaudot (1926),
Interallié (1930), Deux Magots
(1933), Cazes (1935)... Mais
un prix n'assure pas toujours
l'immortalité : qui se souvient
du premier prix Goncourt
(John Antoine Nau pour
Force ennemie)?

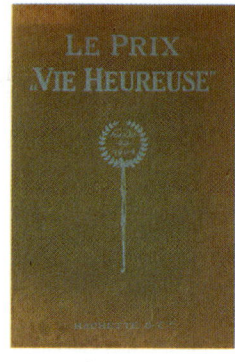

La lutte entre éditeurs est féroce, car la réputation croissante des prix permet à certains titres de dépasser les 100 000 exemplaires. Dans la recherche de l'auteur à succès qui stimulera l'ensemble des ventes, le flair de l'éditeur et son audace jouent le premier rôle.
Tous commettent

Edmond de Goncourt laisse par testament une rente qui doit être employée pour un prix annuel. Celui-ci sera attribué «au meilleur roman, au meilleur recueil de nouvelles, au meilleur volume d'impressions, au meilleur volume d'imagination en prose... publié dans l'année». Ci-dessous, une réunion de l'Académie Goncourt en 1926.

Les prix se multiplient, au point de faire partie de la vie littéraire (en haut, à gauche, l'ancêtre du prix Fémina). La lutte à laquelle se livrent quelques éditeurs tourne, entre les deux guerres, à l'avantage de Gallimard, suivi par Denoël (fondation en 1928), Grasset et Albin Michel (fondé en 1901).

des erreurs : Gide regrettera d'avoir refusé pour la NRF le manuscrit de Proust au profit de Grasset, qui le publie à compte d'auteur, tandis que ce dernier laisse échapper Martin du Gard qu'éditera Gallimard. Des auteurs avisés, tel Paul Morand, savent profiter de cette concurrence; d'autres restent fidèles toute leur vie au même éditeur, comme Claudel à Gallimard; d'autres encore, comme Maurice Barrès, soucieux de leur indépendance, changent à chaque titre ou, comme Jean Giono, signent un contrat d'exclusivité avec deux éditeurs différents!

Ces compétitions hexagonales nuisent à la connaissance des littératures étrangères, dont la place reste encore réduite. Des éditeurs cependant se spécialisent : Stock a fondé au XIXe siècle

C'est en 1919 que Marcel Proust (ci-dessus) décroche le prix Goncourt pour *A l'ombre des jeunes filles en fleur*, avec deux voix d'avance

la «Bibliothèque cosmopolite» (on y trouve Ibsen, Wilde, Kipling) et en 1925 le «Cabinet cosmopolite» au brillant catalogue (Pearl Buck, Hesse, Huxley, Lawrence, Zweig). Plon («Feux croisés»), Gallimard («Du monde entier»), Albin Michel («Maîtres de la littérature étrangère») en feront autant. Quelques titres à grand tirage, comme le roman de Remarque *A l'Ouest rien de nouveau* (500 000 exemplaires) ou *Autant en emporte le vent* de Margaret Mitchell, sur Dorgelès. Il écrit alors modestement à son éditeur Gallimard : « Je n'en tire aucune vanité, sachant que la vogue va souvent aux plus mauvais livres. Je n'en tire aucune vanité, mais j'espérais en tirer quelque argent. »

dont la traduction française (1939) atteindra 800 000 exemplaires, rendent possible la publication d'auteurs plus difficiles.

Frissons

Un demi-siècle après les *Histoires extraordinaires* de Poe, la littérature policière s'impose comme un genre spécifique. Les premiers romans à énigmes paraissent en Angleterre dans les années 1860. En France, les «romans judiciaires» d'Emile Gaboriau passionnent les lecteurs du *Petit Journal* (*L'Affaire Lerouge*, 1863). Les ouvrages de Conan Doyle, qui crée le personnage de Sherlock Holmes en 1887, sont traduits en 1894. Gaston Leroux, inventeur de Rouletabille (*Le Mystère de la chambre jaune*, 1907), et Maurice Leblanc, avec son «gentleman cambrioleur» Arsène Lupin (1906), créent des héros populaires, dont les aventures se poursuivent d'un roman à l'autre. Dans un genre voisin, Fantômas, le personnage créé par Allain et Souvestre, qui atteint une renommée internationale, inspirera notamment le cinéaste Louis Feuillade. Deux grandes collections dominent la littérature policière d'avant-guerre : «Le Masque», lancée en 1927 par Albert Pigasse à la Librairie des Champs-Elysées avec un roman d'Agatha Christie, et «L'Empreinte», consacrée aux auteurs anglo-saxons. Dans les années 1930, le très prolifique Georges Simenon crée le personnage de Maigret.

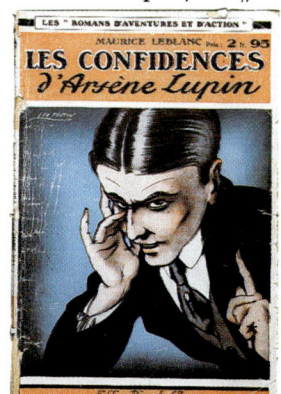

La science-fiction prend, à la fin du XIXe siècle, la succession du roman scientifique, grâce aux œuvres de Jules Verne et de H. G. Wells (*La Machine à explorer le temps*, 1895; *L'Homme invisible*, 1897). Un des plus grands succès est celui d'Aldous Huxley, *Le Meilleur des Mondes* (1932).

La littérature policière est-elle *la* littérature du XXe siècle? Après avoir lu Edgar Poe, les frères Goncourt le pensent : «Quelque chose que la critique n'a pas vu, un monde littéraire nouveau, les signes de la littérature du XXe siècle. Le miraculeux scientifique, la fable par A+B; une littérature maladive et lucide. Plus de poésie; de l'imagination à coup d'analyse.» Le siècle s'ouvre en tout cas sur la naissance d'un secteur éditorial prometteur. Le journaliste Pierre Lafitte, après s'être lancé dans l'édition de revues, notamment *Excelsior* (1910), consacré à la photo d'actualité, se tourne vers l'édition populaire. Il publie, dans des éditions à bon marché et aux couvertures coloriées, les aventures d'Arsène Lupin (à gauche) et celles de Rouletabille (à droite). Les héros de Leblanc et Leroux commencent donc leur carrière au même moment.

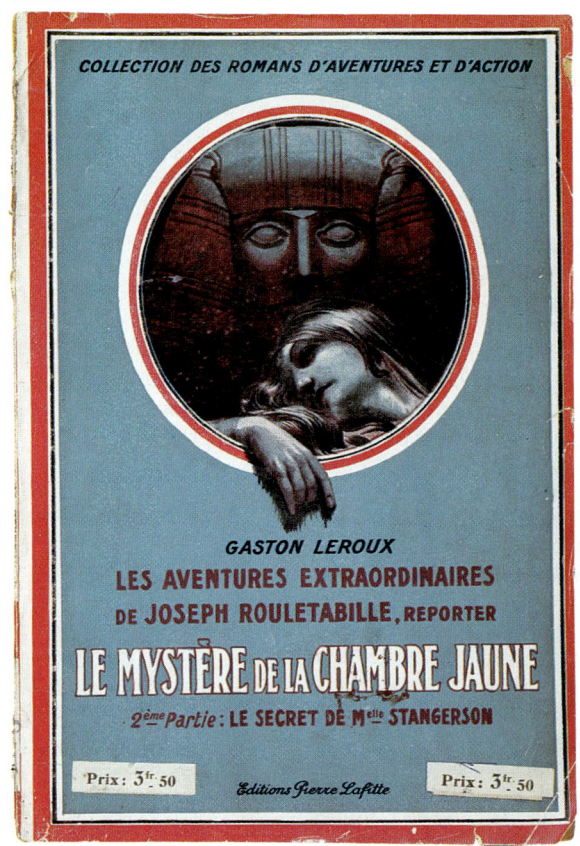

Après Jules Verne, le développement de la littérature de science-fiction va être rapide. Le romancier anglais H. G Wells donne le coup d'envoi avec *La Machine à explorer le temps* (1895) suivi de plusieurs autres, dont *L'Homme invisible* (ci-dessous), tandis que R.E. Burroughs séduit un large public avec ses romans qui se déroulent sur la planète Mars.

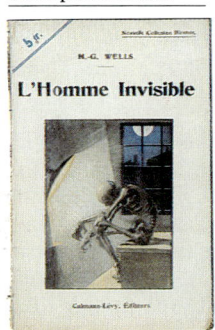

La collection du «Masque», avec sa célèbre couverture jaune, dont l'emblème, un loup traversé d'une plume (page de gauche, en bas) fut dessiné par Maximilien Vox, est bien connue des amateurs de romans policiers. Les débuts furent difficiles. Son fondateur, Albert Pigasse, un ancien de chez Grasset, dut organiser un concours de vitrines dans les librairies et créer un concours pour trouver des auteurs français. Les premiers lauréats seront Pierre Véry et André Steeman.

La science-fiction donne naissance à un public de «fans» et à des revues spécialisées.

Pour enfants sages et quelques autres

Les maisons d'édition spécialisées dans la littérature enfantine – Hachette, Larousse, Mame – diversifient leurs collections en les adaptant aux différents âges de la jeunesse. Certains grands écrivains acceptent d'écrire pour les enfants : *Les Contes du chat perché* (1934) restent l'œuvre la plus célèbre de Marcel Aymé.

Une période féconde s'ouvre dans les années 1930, marquée par des créations originales. Jean de

Brunhoff commence à publier en 1931 en feuilleton l'*Histoire de Babar le petit éléphant*, suivie de plusieurs autres titres dont le succès s'explique par l'emploi du grand format, la nouveauté du graphisme (écriture cursive, dessin sur une double page) et par les personnages attachants et rassurants, mis en scène avec humour. Les «Albums du Père Castor», créés par Paul Faucher et édités par Flammarion, déjà au nombre de 80 en 1939, tranchent par leur format maniable et leur prix peu élevé. Bien servis par leurs illustrateurs, ils proposent histoires et jeux avec un réel souci pédagogique.

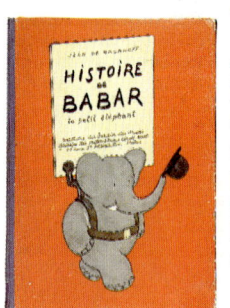

De son côté, la bande dessinée s'affranchit de plus en plus de la littérature enfantine. Elle est favorisée par le journal illustré, apparu à la fin du siècle précédent. De nombreux titres, désormais en couleurs, mettent en scène des héros que l'on retrouve ensuite en albums. C'est dans *Le Petit Français illustré* (fondé par Armand Colin) que paraissent, à partir de 1893, les œuvres du professeur Colomb (dit Christophe), la *Famille Fenouillard* ou *Le Sapeur Camember*, repris ensuite en volumes à succès. Tout le monde connaît Bécassine, qui fait les beaux jours de *La Semaine de Suzette*, les Pieds Nickelés ou Zig et Puce. Bon nombre de ces personnages, comme ceux de Walt Disney à partir de 1934, sont importés des Etats-Unis, où la bande dessinée se développe considérablement.

Zig et Puce (ci-dessus), c'est l'histoire de «deux gamins cherchant à faire fortune en parcourant le vaste monde». Elle commence à paraître, en 1925, comme la plupart des bandes dessinées, dans un périodique, le *Dimanche illustré*. L'auteur, Alain de Saint-Ogan, s'inspire des fanzines américains. Il est l'un des premiers à utiliser la bulle, comme le fera Hergé quelques années plus tard en publiant les aventures de Tintin dans *Le Petit Vingtième*. La bulle fait beaucoup mieux ressortir les dialogues. La bande dessinée conquiert un public en majorité juvénile (à droite).

Elargissement des marchés

Les tirages varient selon les domaines et d'un titre à l'autre. Après la crise de 1893-1894, les éditeurs poursuivent leurs efforts pour publier à bas prix. Arthème Fayard lance la «Modern Bibliothèque» en 1904, collection de romans illustrés à 95 centimes.

Des générations ont été conquises par l'atmosphère rassurante des albums de *Babar*, à l'origine simples récits d'un père pour ses enfants. A la mort de Jean de Brunhoff (1937), son fils Laurent poursuit la série. De son côté, Paul Faucher crée un nouveau type de livres d'enfants, où l'image et le texte s'enrichissent mutuellement (à gauche, en bas, *Bourru l'ours brun*, dans la délicieuse collection du «Père Castor»).

Il innove en faisant appel à des auteurs contemporains célèbres (Paul Bourget, Maurice Barrès), avec la collaboration d'artistes réputés comme Steinlen. Cette initiative sera imitée par Calmann Lévy et Flammarion, qui lance en 1914 la «Select Collection» à 50 centimes. Fayard encore crée la collection du «Livre populaire», à 65 centimes le volume, non illustrée et d'une qualité de fabrication bien inférieure. Y figurent des romans plus racoleurs, tirés d'emblée à plusieurs dizaines de milliers d'exemplaires, parmi lesquels *Chaste et flétrie* de Ch. Mérouvel, *Le Crime d'une sainte* de P. Decourcelle, *Aimé de son concierge* d'Eugène Chavette... Les auteurs contemporains y voisinent avec Féval, Zévaco et autres Montépin. Ces littératures d'évasion ne cesseront de se diversifier, sinon sur le fond, du moins sur la forme.

De même qu'il existe une presse féminine prospère, l'entre-deux-guerres voit se multiplier les romans sentimentaux (ou romans roses). La série

Plus que la nouveauté littéraire, les éditions populaires, jusque-là de présentation terne, utilisent au début du siècle la couleur pour la couverture puis, entre les deux guerres, la photographie. Pour accrocher la clientèle, certains éditeurs cèdent à une surenchère qui les entraîne parfois dans une certaine vulgarité. L'emploi d'un grand format préfigurant celui des magazines, leur faible épaisseur et leur prix peu élevé les distinguent des «livres de bibliothèque» et suggèrent implicitement qu'ils ne sont pas faits pour être conservés. A gauche, la «Modern Bibliothèque» de Fayard et la nouvelle collection illustrée de Calmann Lévy. Ci-dessus, la «Select Collection» de Flammarion, créée en 1914.

ÉTERNELS MANUELS

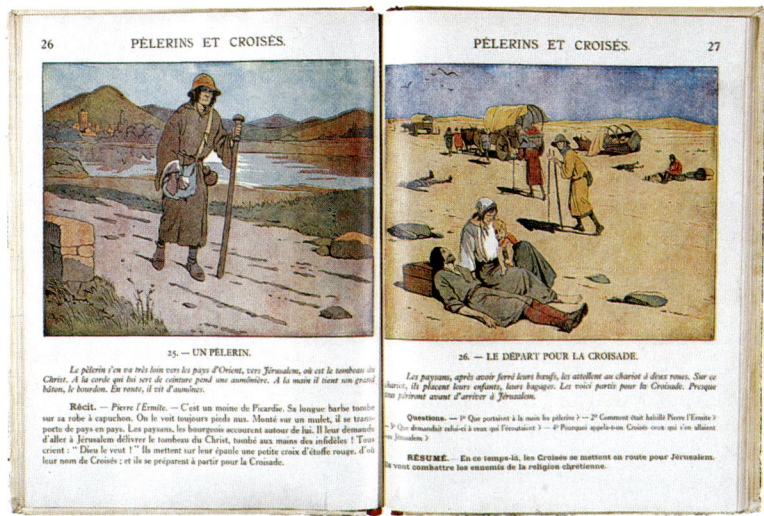

> **26 — PÈLERINS ET CROISÉS.**
>
> 25. — UN PÈLERIN.
>
> *Le pèlerin s'en va très loin vers les pays d'Orient, vers Jérusalem, où est le tombeau du Christ. A la corde qui lui sert de ceinture pend une aumônière. A la main il tient son grand bâton, le bourdon. En route, il est d'aumônes.*
>
> **Récit.** — **Pierre l'Ermite.** — C'est un moine de Picardie. Sa longue barbe tombe sur sa robe à capuchon. On le voit toujours pieds nus. Monté sur un mulet, il se transporte de pays en pays. Les paysans, les bourgeois accourent autour de lui. Il leur demande d'aller à Jérusalem délivrer le tombeau du Christ, tombé aux mains des infidèles ! Tous crient : « Dieu le veut ! » Ils mettent sur leur épaule une petite croix d'étoffe rouge, d'où leur nom de Croisés ; et ils se préparent à partir pour la Croisade.
>
> **27 — PÈLERINS ET CROISÉS.**
>
> 26. — LE DÉPART POUR LA CROISADE.
>
> *Les paysans, après avoir ferré leurs bœufs, les attellent au chariot à deux roues. Sur ce chariot, ils placent leurs enfants, leurs bagages. Les voici partis pour la Croisade. Presque tous périront avant d'arriver à Jérusalem.*
>
> **Questions.** — 1° Que portaient à la main les pèlerins ? — 2° Comment était habillé Pierre l'Ermite ? — 3° Que demandait celui-ci à ceux qui l'écoutaient ? — 4° Pourquoi appelle-t-on Croisés ceux qui s'en allaient à Jérusalem ?
>
> **RÉSUMÉ.** — En ce temps-là, les Croisés se mettent en route pour Jérusalem. Ils vont combattre les ennemis de la religion chrétienne.

des Delly (ce pseudonyme cache un frère et une sœur), inaugurée par *Une femme supérieure* (1907), compte une centaine de titres moralisants et fera le bonheur de générations de lectrices, bien au-delà de 1945.

A partir de 1924, Fayard toujours («Le Livre de demain»), puis Ferenczi («Le Livre moderne illustré») lancent des collections illustrées en gravure sur bois par de bons artistes, à des prix peu élevés, qui garantissent à des romans éprouvés un nouveau succès.

Il n'y a pas que la littérature

Les deux tiers des titres publiés ne sont pas littéraires. Le livre religieux occupe encore une part importante, en léger recul, de l'édition française (autour de 7 %). Le secteur scolaire reste un marché stable, aux tirages très élevés et aux revenus sûrs, entre les mains de grandes maisons qui se livrent une concurrence acharnée auprès du monde enseignant. Certains manuels sont réédités de nombreuses fois, au point de devenir des classiques relevant de la mémoire collective nationale : la *Géographie* de Gallouedec et Maurette ; les ouvrages d'histoire de Malet et Isaac, d'Augé et Petit ou de Seignobos ;

Le livre de classe est le support essentiel de l'enseignement primaire étendu à tous et de l'enseignement secondaire. Il résume tout ce que l'écolier doit savoir et l'accompagne dans sa vie quotidienne. Ce vaste marché fait l'objet d'une forte concurrence entre maisons d'édition. Mais la stabilité des programmes ne pousse pas à l'innovation. Certains titres, parfois à peine rajeunis, ont été réédités des dizaines de fois. La *Grammaire* de Larive et Fleury aurait été vendue entre 1870 et 1926 à 26 millions d'exemplaires ! Entre les deux guerres, grâce aux progrès des techniques d'illustration, le livre scolaire devient plus attrayant (ci-dessus, un manuel d'histoire chez Delagrave en 1937).

La Linotype fond une ligne à la fois. L'opérateur appelle les matrices et les espaces, qui s'alignent dans un composteur. La ligne justifiée passe devant le creuset qui injecte du plomb en fusion. Après refroidissement et démoulage, les lignes sont regroupées pour former la page qui sera imprimée. De leur côté, les matrices, triées mécaniquement, regagnent leur magasin.

les manuels de latin et de grec de Petitmangin... La présentation devient attrayante : formats plus grands, typographie plus variée et plus aérée, illustration plus fréquente, rarement en couleur, mais souvent photographique, couvertures illustrées les différenciant des autres livres.

Les sciences humaines et sociales constituent un secteur en expansion : les PUF (Presses universitaires de France), créées par un groupe d'universitaires en 1921, se targuent vingt ans plus tard d'un catalogue de 15 000 titres «d'ouvrages d'érudition, de science et de littérature». Dans cette période marquée par les deux guerres mondiales et par l'existence de forts courants nationalistes, le livre d'histoire touche le grand public. D'où le succès des ouvrages de Jacques Bainville publiés par Fayard. Albin Michel fait prospérer la célèbre et sérieuse collection «L'Evolution de l'humanité», dirigée par Henri Berr. De son côté, Larousse demeure la référence en matière de dictionnaire. Chaque année paraît une nouvelle édition du *Petit Larousse illustré*, dont presque tous les foyers possèdent un exemplaire. Il est maintenant accompagné d'encyclopédies de vulgarisation (*Larousse médical illustré, Larousse ménager illustré*).

Innovations techniques

Depuis le milieu du siècle dernier, des recherches portent sur la diminution du temps passé à la composition. La mise au point des composeuses fondeuses, qui moulent au fur et à mesure des lignes entières, en consacre la mécanisation. Voici la fameuse Linotype, mise au point par Mergenthaler (1884); quelques années plus tard, la Monotype commande la fabrication des caractères, grâce à l'utilisation de la bande de papier perforée. Ces machines, qui servent l'une surtout pour la fabrication des journaux et l'autre pour le livre, abaissent les coûts et modifient le travail de composition, désormais souvent confié à de la main-d'œuvre féminine. Mais l'évolution se heurte à l'hostilité de la puissante Fédération française des Travailleurs du livre, créée en 1881.

A la fin du XIXe siècle ont été mises au point des techniques d'impression et d'illustration qui modifient l'esthétique du livre (photogravure, similigravure). L'offset, procédé issu de la lithographie apparu au début du XXe siècle, triomphera après 1945. L'héliogravure permet l'essor des livres de voyages illustrés comme ceux des éditions Arthaud.

Pendant la première moitié du XXe siècle, la production imprimée augmente modérément, passant d'environ 11 000 à 14 000 nouveautés. Le tirage moyen est lui aussi en hausse, grâce au progrès technique et à l'élargissement des marchés; les gros tirages sont fréquents. Equipées d'un matériel qui se doit d'être toujours plus performant pour conserver la clientèle des gros éditeurs, les imprimeries ont besoin de plus en plus d'espace. Poursuivant le mouvement amorcé au siècle précédent, elles s'installent souvent en banlieue et même en province, comme par exemple Crété à Corbeil (ci-dessous), Grévin à Lagny, Brodard à Coulommiers, Firmin Didot au Mesnil (Eure), Hérissey à Evreux, Bussière à Saint-Amand-Monrond (Cher).

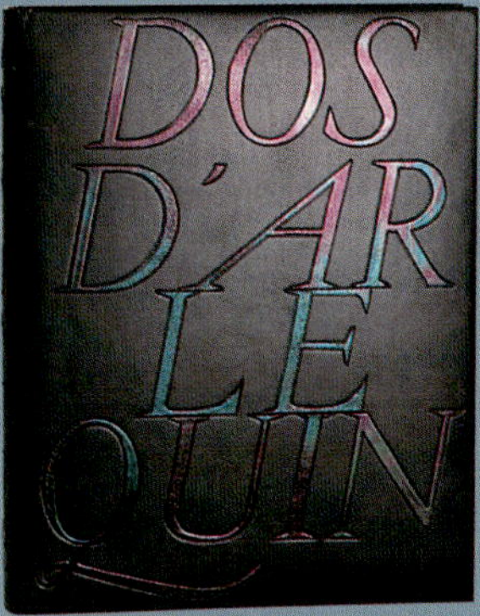
DOS
D'AR
LE
QUIN

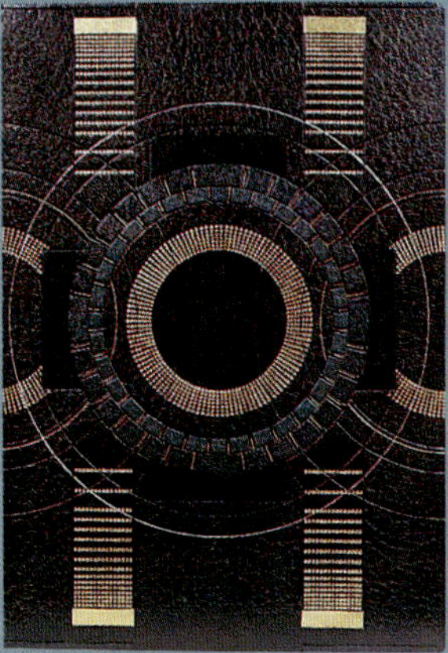

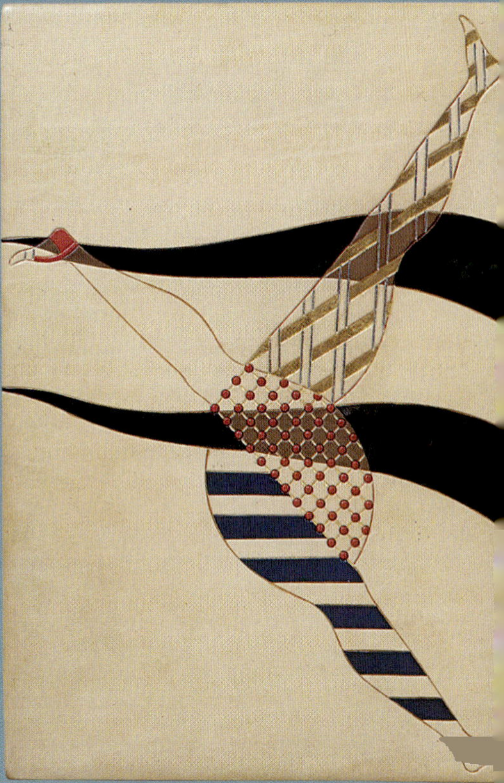

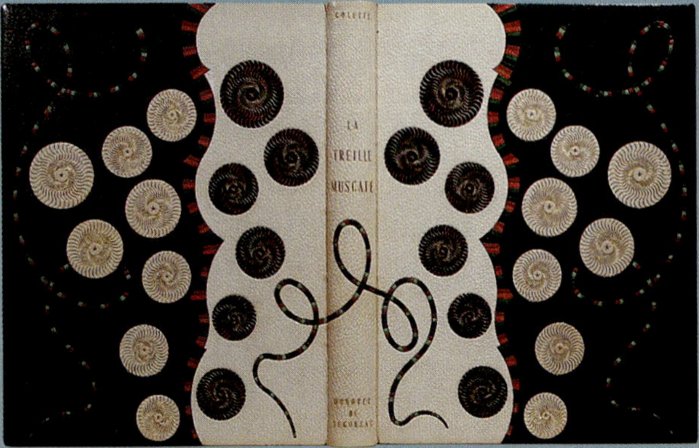
COLETTE
LA
TREILLE
MUSCATE

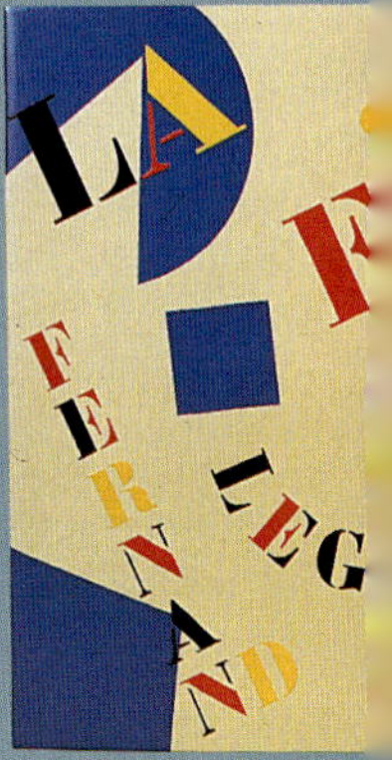
LA
FERNAND

Reliures

La bibliophilie connaît un essor extraordinaire à partir de la fin du XIXe siècle. C'est elle qui permet à l'art de la reliure de se renouveler et d'acquérir une indépendance plus grande par rapport au contenu du livre. Pour la première fois, des expositions spécifiques lui sont consacrées. Les ateliers de reliure ont désormais à leur tête des peintres ou des décorateurs, et non plus des artisans relieurs. Ils reflètent les courants artistiques de leur époque, et l'on y sent les influences du modern style, des Arts déco ou du cubisme par exemple. A gauche, de haut en bas, des reliures de P.-L. Martin, Pierre Legrain et Paul Bonet; au centre en bas, une composition de Fernand Léger; ci-contre et ci-dessous, maroquin et veau mosaïqués de Rose Adler.

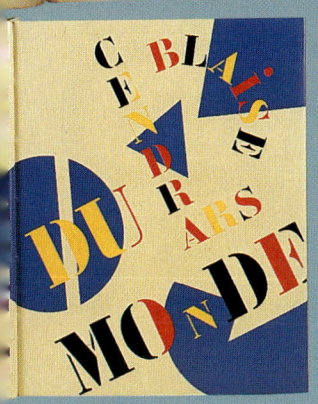

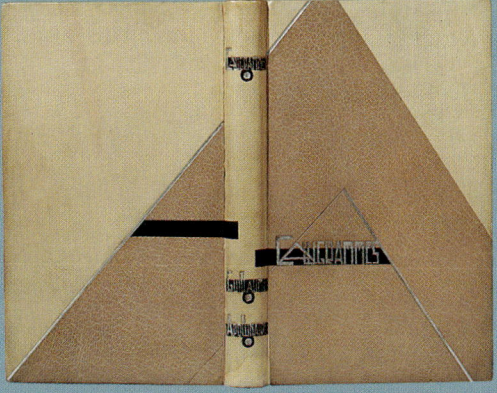

31
Décembre

Dieu le père est à son bureau américain. Il signe hâtivement d'innombrables papiers. Il est en bras de chemise et a un abat-jour vert sur les yeux. Il se lève, allume un gros cigare, consulte sa montre, marche nerveusement dans son cabinet, va et vient en mâchonnant son cigare. Il se rassied à son bureau, repousse fiévreu-

C'est le

fais la branche fais la planche
je sauterai par-dessus
ou marcherai entre les jambes
d'un seul rire écartelé

l'une est noire l'autre aurore
qui est-ce que c'est
celle qui rit de ne pas pleurer
celle qui pleure de ne pas aimer
coccinelle au bout du nez

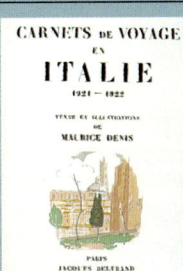

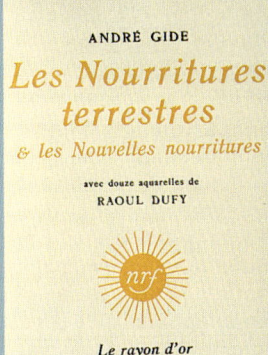

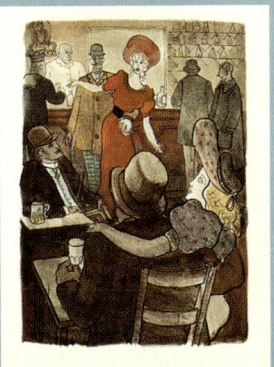

Livres d'artistes

« Poétiser, par art plastique, moyen de prestiges directs, semble le fait de l'ambiance éveillant aux surfaces leur lumineux secret », écrit Mallarmé dans le « Médaillon », qu'il consacre à Berthe Morisot, exprimant ainsi la proximité de la peinture et de la poésie. Le livre n'a jamais cessé d'être un lieu de création artistique. Au XXe siècle, la production de livres de luxe est le fait d'éditeurs généralistes ou spécialisés (Au Sans Pareil, La Sirène) ou de marchands d'art (Vollard, Kahnweiler, Maeght). A la suite de Manet et de Maurice Denis, des peintres célèbres illustrent des livres : à gauche, une composition de Fernand léger pour *La Fin du monde filmée par l'Ange Notre-Dame* (1919); en bas, Miró et Tzara, *Parler seul* (1948); ci-contre, de haut en bas, M. Denis, *Carnets de voyage en Italie*; Gide illustré par Dufy; Mac Orlan, *Sous la lumière froide*, illustré par Jean Mohler (1943).

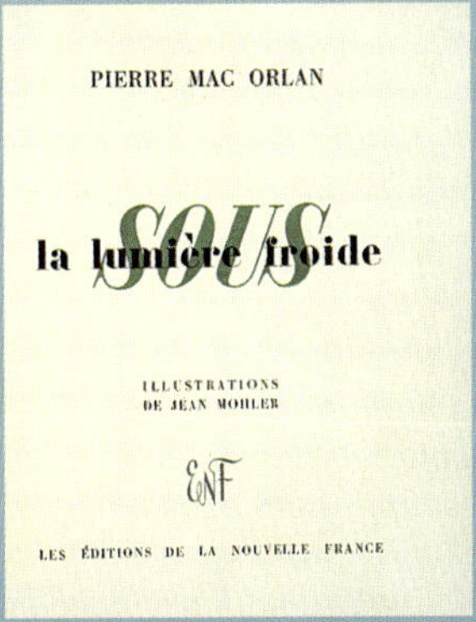

Grâce à la photographie, l'illustration gagne tous les espaces du livre, bientôt soutenue par la couleur. Les couvertures en bénéficient, dès le début du siècle, comme celles des romans illustrés de Fayard, tandis que livres et revues réputés sérieux continuent d'arborer des couvertures purement typographiques. Le cartonnage de couverture, si fréquent au siècle précédent, est progressivement remplacé par la jaquette, parfois simple reproduction de la page de titre, parfois égayée d'images en couleurs, d'abord sur les ouvrages pratiques ou pour enfants, sur les romans policiers puis sur les livres d'art. Son emploi s'étendra après la guerre à la littérature, surtout populaire, jouant un rôle de réclame et proposant souvent, au dos ou sur les rabats, une biographie de l'auteur et un résumé de l'ouvrage. Certains éditeurs, pour personnaliser leurs collections, font appel aux meilleurs typographes. Maximilien Vox dessine ainsi la couverture des «Cahiers verts» de Grasset et de la collection policière du «Masque».

Les cartonnages sont souvent recouverts d'une jaquette illustrée, dont les rabats portent des extraits du catalogue, notamment dans les collections pour enfants, comme la «Bibliothèque verte» d'Hachette (ci-dessous).

Du changement dans la maison

Gagnant en taille et en chiffres d'affaire, les maisons d'édition se structurent. Si beaucoup sont encore aux mains d'un homme ou d'une dynastie, toutes doivent organiser leurs services, suivant l'exemple donné par Hachette au siècle passé.

Apparaît le directeur de collection, un spécialiste du domaine, capable par ses relations et sa compétence d'attirer «des auteurs de tout premier ordre», comme le promet, en 1902, Gustave Le Bon que Flammarion vient de placer à la tête de sa «Bibliothèque de philosophie scientifique». Lorsque l'afflux de manuscrits est trop grand, l'éditeur reçoit le concours d'un directeur littéraire, tel Jean Paulhan à la Nouvelle Revue française. Ce directeur peut lui-même être assisté de lecteurs, ou d'un comité de lecture, comme celui que réunit solennellement chaque mardi à 17 heures Gaston Gallimard. La plupart des grandes maisons littéraires se dotent de ces comités, souvent composés d'écrivains confirmés, mais un peu lents à réagir... ce qui laisse leur chance à des éditeurs plus

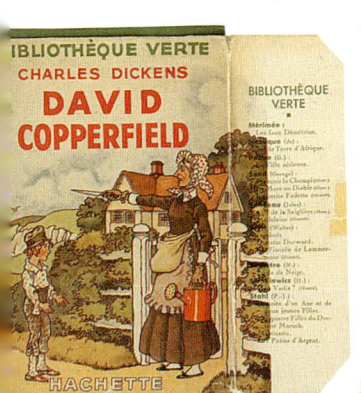

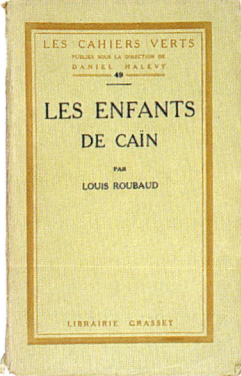

De moins en moins, l'édition peut être le fait d'hommes seuls. Toutes les entreprises doivent maintenant s'organiser en services aux tâches bien définies. Flammarion est un des premiers éditeurs à multiplier les directeurs de collection : Camille Flammarion pour la «Bibliothèque Camille Flammarion»; Gustave Le Bon (page de gauche) pour la «Bibliothèque de philosophie scientifique»; les frères Fischer pour la «Select Collection». Chez Grasset, Daniel Halévy (ci-dessus) prend la tête de la bientôt prestigieuse collection des «Cahiers verts» (ci-contre). Rien n'est laissé au hasard : couverture dessinée par Maximilien Vox, tirage limité pour susciter l'intérêt bibliophilique; choix des textes; lancement tapageur du premier titre, *Maria Chapdelaine*.

petits et plus rapides! L'essor de la publicité entraîne la création d'un service spécialisé, tandis que le secteur des ventes veille à l'élargissement du réseau des libraires.

La tendance à l'augmentation des titres publiés nécessite un service commercial, qui se charge de la diffusion, de la comptabilité et de la lourde manutention qu'exigent l'expédition des livres et le retour des invendus. Pour simplifier ces tâches, Hachette a mis en place, en 1897, un service de messageries, qui concerne surtout la presse. Dans les années 1930, il conquiert une place de choix dans la distribution du livre quand il devient le distributeur de Tallandier, Gallimard et Fasquelle.

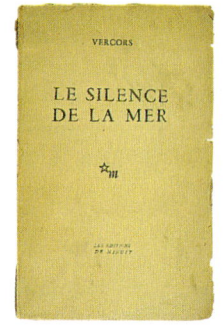

Jean Bruller, dit Vercors, fait paraître, en 1942, *Le Silence de la mer*, qui aura un impact considérable. Un an auparavant, il avait fondé avec Pierre Lescure les éditions de Minuit, qui publient, souvent sous des pseudonymes, des textes de grands écrivains comme Aragon, Eluard ou Mauriac.

Fondées à la fin du XIXe siècle, les très performantes Messageries Hachette dominent avant-guerre les circuits de diffusion du livre (ci-dessous, un de leurs livreurs cyclistes,

Pendant la guerre

Après les bonnes années 1920-1930, la crise économique met en péril nombre de maisons d'édition. La guerre est une période noire. Outre les conséquences économiques de l'Occupation (pénurie et mauvaise qualité du papier, difficultés de transport et donc de distribution), l'édition est désorganisée par les exigences allemandes : dès septembre 1940, la liste Otto recense 1 170 titres interdits à la vente et qui doivent être retirés des bibliothèques. Il s'agit essentiellement des œuvres d'écrivains juifs et d'écrits jugés hostiles à l'Allemagne. A la suite d'une ordonnance sur les «mesures contre les Juifs», trois maisons d'édition sont «aryanisées» (Ferenczi, Calmann Lévy et Nathan). D'autres subissent de nombreuses pressions, auxquelles elles ne savent pas toujours résister. Tandis qu'en zone libre naissent de nouvelles maisons, la plupart des éditeurs parisiens continuent leur activité malgré l'Occupation, souvent en acceptant de publier des ouvrages répondant aux vœux de la propagande allemande et en se livrant à une sorte d'autocensure qui se superpose à celle de l'occupant.

A la Libération, on vient leur demander des comptes : Bernard Grasset sera condamné puis gracié; Robert Denoël, lui, est assassiné quelques jours avant le procès de sa maison d'édition qui sera acquittée, tandis que Drieu La Rochelle, qui avait pris la tête de la NRF, se suicide et que la revue est suspendue pour dix ans.

Seuls les éditeurs qui ont accepté de publier des livres de propagande sont inquiétés à la Libération. Robert Denoël, accusé d'avoir réédité des ouvrages antisémites de Céline et publié *Les Décombres* de Lucien Rebatet, est assassiné quelques jours avant son procès (ci-dessus).

L'éditeur DENOËL assassiné la nuit en pleine rue

Etre publié ou non? Peu d'écrivains français renonceront pendant l'Occupation, tel Jean Guéhenno, à voir leurs noms en devanture des libraires. Mais seuls quelques-uns collaboreront ouvertement avec l'ennemi. En octobre 1941, les services de propagande organisent un voyage d'auteurs français à Weimar pour participer à un Congrès des écrivains européens. Parmi eux, Drieu La Rochelle et Brasillach; à leur retour (ci-contre), ils sont accueillis par le lieutenant Heller, chargé de la censure des livres.

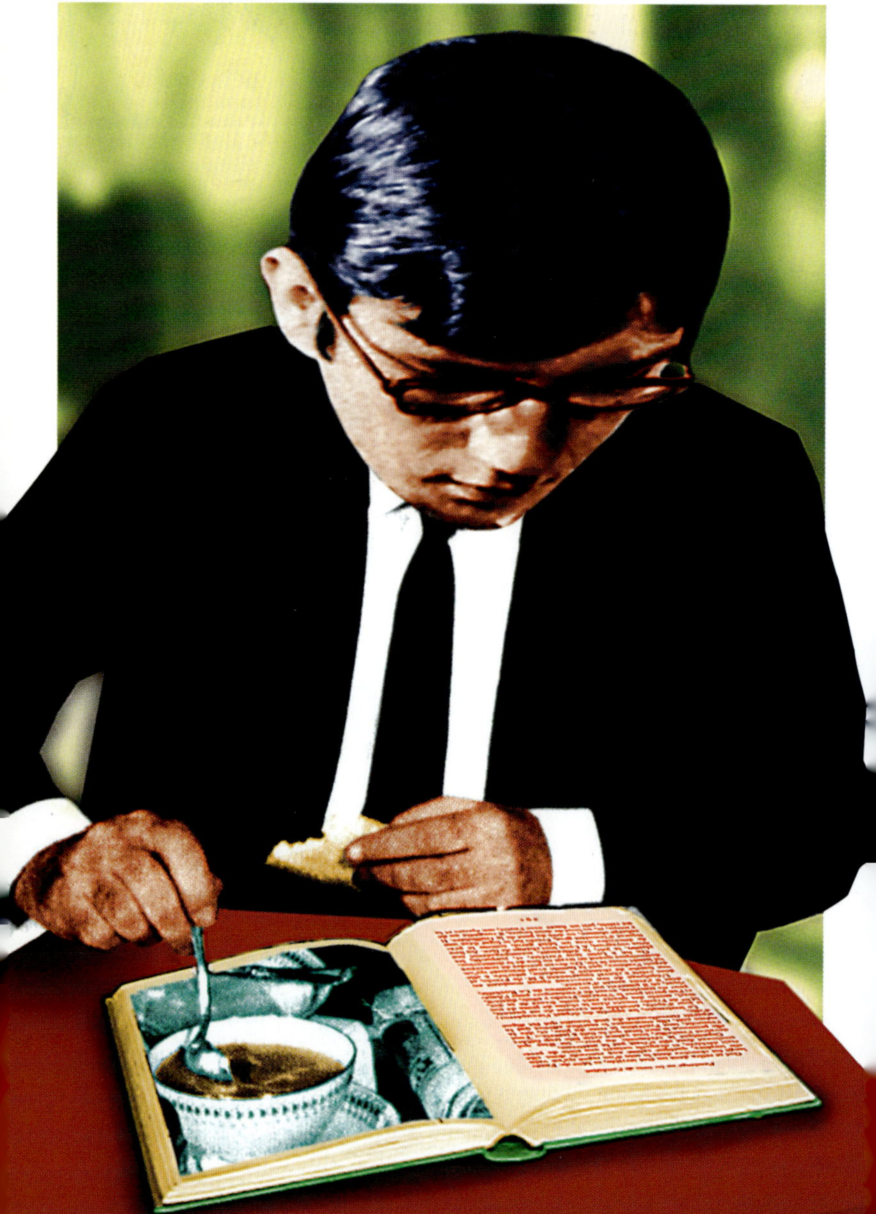

Cinq cent cinquante ans après Gutenberg, le livre, dans sa forme traditionnelle du codex que nous lui connaissons, vit une révolution encore plus radicale. Au terme d'un siècle qui a vu poindre de toutes parts les concurrents, ne serait-il pas, alors qu'il est plus répandu que jamais, sur le point d'être définitivement terrassé?

CHAPITRE V
QUE SONT LES LIVRES DEVENUS?

Quel visage aura le livre de demain? Les nouvelles technologies sont-elles une menace pour le codex hérité de Gutenberg? Sa disparition, annoncée depuis longtemps par Mac Luhan, n'est pas imminente : le nombre de lecteurs tout comme celui des titres publiés n'ont jamais été aussi élevés (ci-contre, une affiche pour le Salon du livre de jeunesse, à Montreuil). Mais l'évolution technologique réservera sans doute quelques surprises...

Des chiffres significatifs

De l'après-guerre à nos jours, la place de l'imprimé, dont celle du livre, ne cesse de croître. 41 560 titres (réimpressions comprises) publiés en 1994 en France, correspondant à un total de 377 millions d'exemplaires – chiffre inférieur à ceux de la Grande-Bretagne (plus de 100 000 titres), de l'Allemagne (71 500) ou des Etats-Unis (55 000). Les nouveautés participent pour environ 18 000 titres (10 564 en 1952). Par grandes catégories, la production se répartit ainsi : littérature générale 26 %, ouvrages scientifiques et de sciences humaines 25 %, ouvrages scolaires 15 %, «pour la jeunesse» 14 %, livres d'art 3 %, et divers 17 %. Les tirages moyens varient d'un secteur à l'autre : les romans sentimentaux, les encyclopédies et dictionnaires se vendent beaucoup plus facilement que les ouvrages de sciences humaines ou les traités techniques et professionnels.

La création de secteurs jeunesse dans la plupart des maisons d'édition est l'une des grandes innovations de l'après-guerre. De son côté, la bande dessinée conquiert, dans les années 1970, le public adulte : l'école belge, dans la foulée d'Hergé, est illustrée par le héros de Morris (associé longtemps au scénariste Goscinny), Lucky Luke, dont les aventures, commencées en 1946, se sont déjà vendues à plus de 250 millions d'exemplaires dans le monde! Astérix remporte un succès tout aussi impressionnant.

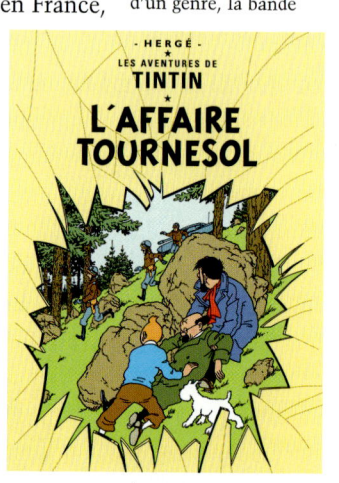

Astérix (à droite), Tintin (ci-dessous) et Lucky Luke (ci-dessus) sont les héros les plus populaires d'un genre, la bande dessinée, qui a, en quelques décennies, conquis un vaste public dans le monde entier. La plupart des auteurs et de leurs héros ont fait leurs débuts dans la presse pour les jeunes. Quelques éditeurs dominent le marché en langue française : Dupuis, Dargaud, Glénat, les Humanoïdes associés, Casterman.

LA B. D. SORT DES MAGAZINES 111

A l'heure des gros tirages, la vie des maisons d'édition est marquée par quelques temps forts, notamment la «rentrée» de l'automne (scolaire, romanesque), la saison des prix littéraires et les fêtes de fin d'année, où elles doivent être capables de répondre à la demande des libraires. Ci-contre, le service de distribution des éditions Flammarion.

La B. D. a même son festival, à Angoulême, créé en 1974 et qui accueille 150 000 visiteurs en 1995.

En poche

L'envolée de la production après 1950 doit beaucoup au livre au format de poche, dont la définition ne peut se réduire au livre de petite taille. Ce dernier existait en effet dès le XVIe siècle, et beaucoup de publicités, au XIXe, mettaient en avant son côté pratique. Dès 1802, la librairie Fournier et Fils avait lancé une «Bibliothèque portative du voyageur», au format in-36 et, dans les année 1830, Tallandier avait intitulé une collection populaire le «Livre de poche».

Mais l'innovation, apparue en Angleterre en 1935 (Penguin Books) puis aux Etats-Unis en 1939, consiste à réunir au petit format une relative qualité technique (solidité, souplesse, couverture illustrée et pelliculée), un prix bas autorisé par un fort tirage et un catalogue accordant une large place aux grands succès contemporains à côté des textes classiques. La collection de l'encyclopédie «Que sais-je?», créée en 1941 par Pierre Angoulvent aux PUF, dépasse largement les 3 000 titres, chacun tentant en 128 pages de traiter un sujet de façon exhaustive et condensée pour un prix modique. Après un premier essai pendant la guerre avec la «Collection Pourpre», Hachette lance, par l'intermédiaire d'une filiale (la Librairie générale française) en février 1953, la collection du «Livre de poche» avec comme premiers titres *Koenigsmark* de Pierre Benoît, roman paru pour la première fois en 1918, *Les Clefs du royaume* de Cronin et *Vol de nuit* de Saint-Exupéry, vendus à des prix cinq fois plus bas que celui des livres ordinaires.

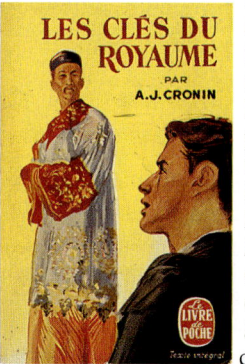

Malgré l'austérité de son immuable présentation et sa résistance à l'illustration, la collection «Que sais-je?» connaît une longévité remarquable (ci-dessus, le premier numéro), en partie due à son petit format, à sa maniabilité. Le «Livre de poche», broché et non plus relié, avec sa couverture souple, illustrée et pelliculée, ses cahiers collés (et non plus cousus), rompait lui aussi avec l'aspect habituel des livres de ce format (à gauche).

Raz de marée

Il y eut bien quelques inquiétudes devant l'extension de ces publications présentées de façon très compacte sur les rayonnages des librairies ou dans des tourniquets. Le format de poche est accusé de déprécier la littérature, à cause de ses catalogues parfois terriblement éclectiques. Malgré cela, le succès du «Livre de poche», qui s'appuie sur le puissant réseau de distribution des Messageries Hachette, est immédiat et impressionnant : 10 millions d'exemplaires en 1960, 80 millions en 1977. D'autres collections voient le jour : «J'ai lu» en 1958 par Flammarion (5 000 titres et 300 millions de livres vendus en quarante ans); «Presse Pocket» (1962) par les Presses de la Cité, puis «Folio» (1972) par Gallimard après la rupture avec Hachette.

De la littérature générale, l'édition de poche gagne l'ensemble des secteurs éditoriaux, y compris ceux réputés moins faciles : citons «Idées» chez Gallimard en 1962, «Garnier-Flammarion» fondé en 1964 (30 millions d'exemplaires vendus en trente ans), «10/18», la «Petite Bibliothèque Payot», «Points» au Seuil, «Pluriel» chez Hachette... Les livres au format de poche représentent aujourd'hui 23 % des titres publiés et plus de 30 % de la production totale.

Depuis 1993, des collections de petits livres à 10 francs, dont l'idée est venue d'Italie, ont pris d'assaut les librairies et séduit aisément les lecteurs potentiels à la recherche de cadeaux peu onéreux. Il s'agit le plus souvent de textes assez brefs et tombés dans le domaine public.

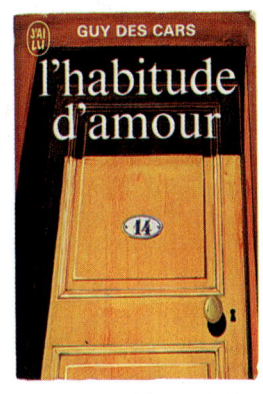

Devant le succès du «Livre de poche», de nombreux éditeurs ont développé avec succès des formules voisines, en littérature comme en sciences humaines (ci-dessus, «Folio» et «J'ai lu». A gauche, la collection «Anticipation», aux éditions Fleuve noir). La baisse des prix s'est poursuivie avec le lancement des livres à 10 francs (ci-dessous, la collection «Mille et Une Nuits»).

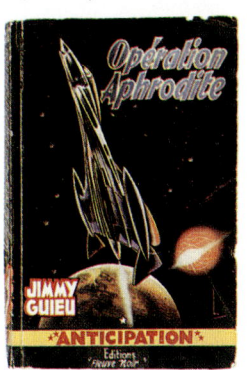

Les temps modernes

Au lendemain de la guerre, quelques nouvelles maisons d'édition s'implantent pour durer, comme les Editions du Chêne spécialisées dans les beaux-arts ou les Editions de Minuit et du Seuil (timidement fondé avant-guerre) en littérature. René Julliard, récemment installé en face de Gallimard, se taille une belle place aussi bien en accueillant, en 1949, la jeune revue animée par Sartre, *Les Temps modernes*, qu'en révélant de nouveaux écrivains qui raflent les prix littéraires : en 1954, Françoise Sagan, célèbre à dix-neuf ans avec *Bonjour tristesse*, lui fait vendre 200 000 exemplaires en dix mois. Robert Laffont, qui a démarré en 1941, se hissera dans les premiers rangs en construisant un catalogue très éclectique, grâce à des succès comme *Papillon* d'Henri Charrière en 1969 (1,2 million d'exemplaires en six mois), le *Quid* ou la collection «Bouquins», créée en 1980.

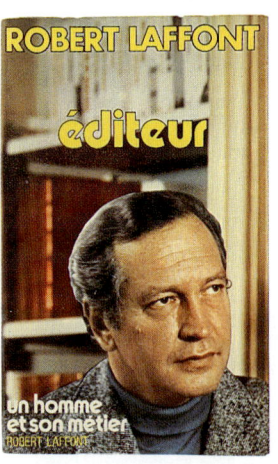

Hachette et Gallimard n'en continuent pas moins de dominer la production éditoriale, l'un par son emprise économique, notamment sur les réseaux de distribution, l'autre par la qualité de son fonds, même si la génération des écrivains de l'après-guerre n'a pas l'audience de celles qui l'ont précédée.

Concentration

La période est aussi propice aux remises en cause. Longtemps dominé par des entreprises familiales qui

A Paris comme ailleurs, les cafés sont des lieux de vie intellectuelle. La mode en existe depuis le XVIIIe siècle, mais leur localisation a évolué : le Quartier latin, les Grands Boulevards, Montmartre, Montparnasse... Simone de Beauvoir et Jean-Paul Sartre (ci-dessus) ont fait connaître Saint-Germain-des-Prés dans le monde entier. Assis à des tables voisines au café de Flore ou aux Deux-Magots, ils y ont passé de longs moments à écrire.

Au lendemain de la guerre, l'arrivée de jeunes maisons d'éditions ébranlent l'*establishment* littéraire, comme celle de Robert Laffont (à gauche) ou de René Julliard. Celui-ci s'attache à promouvoir de jeunes auteurs de façon spectaculaire. «Toutes mes ressources, toutes mes forces, je décidai de les consacrer au jeune auteur : c'est pourquoi ma maison eut si vite la réputation d'être jeune elle-même et le privilège d'attirer les jeunes.» Françoise Sagan (ci-dessous) n'a pas encore dix-neuf ans quand elle dépose, en janvier 1954, le manuscrit de *Bonjour tristesse*. Trois mois après, l'ouvrage est en vente. Plus de 200 000 exemplaires se vendent la première année!

gardaient le même nom et parfois la même adresse (Berger Levrault a plus de trois cents ans d'existence), le monde de l'édition est ébranlé par l'arrivée de groupes industriels qui, au milieu des années 1950, concentrent, absorbent, détrônent l'édition pour n'en faire souvent plus qu'une branche d'un ensemble qui a plusieurs secteurs d'activité. C'est alors que Gallimard prend le contrôle de Denoël puis du Mercure de France.

Le mouvement s'accélère au début des années 1980 et aboutit à la suprématie économique de deux géants, eux-mêmes passés sous le contrôle de grands groupes industriels, qui dominent aujourd'hui environ 50 % de l'édition française : Hachette Livre appartient au groupe Hachette qui comprend des journaux comme *Elle, Paris Match, Le Journal du Dimanche, Télé 7 Jours*). En dépendent par exemple Grasset, acheté peu avant la mort de son fondateur, Fasquelle, Fayard (depuis 1958), Stock (en 1961), Calmann Lévy et d'autres. De son côté, le Groupe de la Cité, héritier des Presses de la Cité fondées en 1945 par Sven Nielsen, constitue le pôle édition d'un puissant groupe, CEP Communication, dont relèvent *L'Express, Le Point* ou *L'Expansion*, et des maisons aussi prestigieuses que Laffont, Masson, Armand Colin, Julliard, Plon, Perrin...

Le paysage éditorial est évidemment mouvant, riche en rebondissements. A l'ombre de ces deux grands groupes demeurent des maisons de taille moyenne – Flammarion, Gallimard, Albin Michel, L'Harmattan – qui parviennent à préserver leur indépendance. L'édition demeure un secteur aussi actif que fragile, qui emploie environ 13 000 personnes. Si 180 éditeurs publient 75 % de la production, ils sont nombreux à n'éditer annuellement que quelques ouvrages.

De l'auteur au lecteur

L'éditeur est aujourd'hui à l'origine du livre. Si l'on excepte le domaine de la littérature, où les milliers de manuscrits proposés par les auteurs n'échappent pas à une rude sélection, près de 8 livres sur 10

Concentration, voilà sans doute un des mots clés de l'édition depuis 1945. Cette évolution n'est pas toujours claire pour le public, car, à la différence de ce qui se passait avant la guerre, les maisons absorbées conservent leur nom et leur identité. Face aux deux principaux groupes, Hachette et les Presses de la Cité (ci-dessus, leur siège), la situation de beaucoup d'éditeurs indépendants reste fragile.

résultent d'une commande de l'éditeur, le plus souvent dans le cadre de collections, et répondent donc à des formules et à des caractéristiques précises. Pour les auteurs refusés, il reste une ultime ressource : l'édition à compte d'auteur, souvent très mal diffusée.

La chaîne de fabrication de l'ouvrage va de la commande de papier, une denrée dont le coût pèse de plus en plus, jusqu'au brochage (ou la reliure) en passant par la composition et l'impression (beaucoup d'ouvrages sont maintenant imprimés à l'étranger). Financée par l'éditeur, elle est le plus souvent assurée par des entreprises indépendantes et mises en concurrence, y compris à l'échelle internationale. La diffusion est assurée par l'éditeur ou sous-traitée.

La réussite d'une maison d'édition passe par la maîtrise de distribution, opération lourde et difficile à gérer en raison de la multiplicité des points de vente et des faibles quantités concernant chacun d'entre eux. Ceci explique la place croissante que prend la direction commerciale au détriment de la direction littéraire. Les libraires reçoivent habituellement des envois d'office de nouveautés. En cas de non-vente, ils les retournent à l'éditeur qui bien souvent les soldera ou les pilonnera.

Même si la rentabilité d'un livre n'est jamais jouée d'avance, l'édition, qui pèse peu dans l'économie contemporaine, a dû en adopter les techniques de gestion, aussi bien pour la fabrication que pour la distribution. (Ci-dessous, stocks de papier d'une imprimerie; en bas, centre de distribution d'Hachette à Maurepas).

L'importante promotion d'un produit éphémère

Le budget consacré au lancement publicitaire est de plus en plus élevé (plus de 5 % du chiffre d'affaires). Si la publicité est interdite à la télévision pour protéger les petits éditeurs, elle est autorisée à la radio et en fait peu utilisée, contrairement à la presse écrite, où elle se présente sous une forme assez routinière (titre, photo et extraits de presse louangeurs). Le rôle des médias est devenu primordial, et l'accueil d'un manuscrit dépend surtout du succès immédiat qui en est attendu.

Mais où sont les livres? Il devient difficile de trouver en librairie un ouvrage paru il y a six mois, tout simplement parce qu'il a déjà été retourné à l'éditeur et peut-être pilonné. Le livre standardisé, vite écrit, vite lu, vite périmé, marque le triomphe de la mode et même du mimétisme, comme le montrent les floraisons d'ouvrages que déclenchent certains faits de l'actualité politique ou sportive. Il ne faut pas oublier enfin que

L'édition, terre de contrastes. Les livres d'artiste, à faible tirage, objets d'une tendre sollicitude, comme ceux qu'édite Pierre-André Benoît (ci-dessous). Le livre grand public, préparé pour une large diffusion, ou pur produit de l'actualité (en bas).

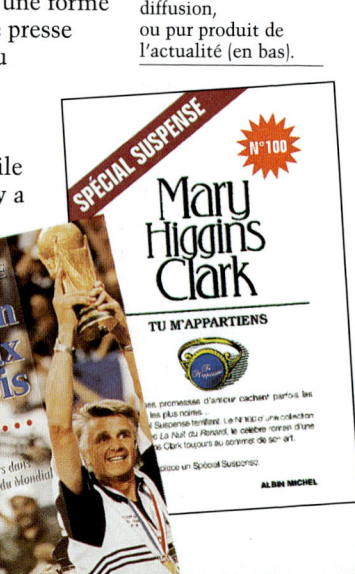

le commerce du livre n'est plus le monopole des libraires. Les grandes surfaces (hypermarchés, supermarchés) sont de plus en plus nombreuses à entretenir un rayon de livres. Et la vente par correspondance fait le succès des clubs, dont certains, comme France Loisirs ou le Grand Livre du mois, occupent une part non négligeable du marché.

La bataille des prix de vente

Le livre de poche, par son faible prix, a désacralisé le livre et permis son accès au plus grand nombre : de plus en plus rares sont les Français qui n'en possèdent pas. L'Etat, de son côté, accentue ses interventions, et l'on peut parler d'une politique du livre, qui se manifeste par des aides à l'édition scientifique, par des encouragements à l'exportation ou par la modernisation des bibliothèques.

Il a même posé un geste spectaculaire dans le domaine du prix du livre : l'arrivée de grandes chaînes commerciales dont certaines, comme la FNAC, spécialisées dans le secteur culturel, vendent

C'est en 1974 que la FNAC ouvre sa première librairie, sur trois étages, à Paris. Elle fonde sa publicité sur la remise de 20 % qu'elle accorde sur les livres vendus. Certaines grandes surfaces lui emboîtent le pas. Le monde du livre s'émeut. La lutte est menée par l'éditeur Jérôme Lindon. Il faudra près de trois ans pour obtenir gain de cause, c'est-à-dire l'instauration du prix unique du livre. Comme Jack Lang l'a rappelé lors du vote de la loi, «le livre n'est pas un produit comme les autres. C'est une création de l'esprit qui ne saurait être soumise à la seule loi du marché».

le livre neuf à prix réduit a été ressentie dans les années 1970 comme une menace pour le réseau de librairies et donc comme une remise en cause de l'accès égal au livre. Après de vifs débats, une loi (dite loi Lang) instituant le prix unique et n'autorisant qu'une remise de 5 %, est appliquée depuis le 1ᵉʳ janvier 1982. Le principe en sera repris dans de nombreux pays européens (mais la Grande-Bretagne y a renoncé). Il consiste à reconnaître au livre une spécificité qui, en l'écartant des règles courantes de la concurrence économique, le tient pour autre chose qu'une simple marchandise, afin de sauvegarder la création intellectuelle.

A la recherche du best-seller

Un éditeur doit prendre des risques, donner sa chance à des titres auxquels il croit, quitte à se tromper. Mais sa politique risque d'être d'autant plus audacieuse qu'il aura pu s'appuyer sur quelques best-sellers. Cet anglicisme, dont la carrière commence en France après 1945, fera fortune. En 1955, *Les Nouvelles littéraires* et *L'Express* publient une liste des meilleures ventes, imités ensuite par de nombreux journaux. Le chiffre des ventes est

Le livre d'art connaît une période difficile depuis plusieurs années. Souvent considéré comme cher, il ne se vend bien qu'à certaines périodes de l'année, notamment celle des fêtes. Il est de plus en plus lié à de grandes expositions qui attirent un large public. Les éditeurs privés déplorent très souvent la concurrence du secteur public (ci-dessus, les catalogues de trois grandes expositions organisées par le Centre Pompidou). Elle est considérée comme déloyale, car les institutions culturelles n'ont pas les mêmes frais de fabrication. Les accords de coédition entre secteurs public et privé sont cependant de plus en plus fréquents.

SUCCÈS INTERNATIONAUX 121

désormais un critère important. Le temps ne fait plus rien à l'affaire. A partir de combien d'exemplaires peut-on parler de succès? Tout dépend de la catégorie dans laquelle on combat. Des auteurs comme Hervé Bazin entré chez Grasset en 1948 font partie des meilleurs, avec plus de 25 millions de livres vendus, toutes éditions confondues.

Les prix littéraires continuent d'être très recherchés... et de plus en plus contestés – la liste des succès éphémères dont les écrivains n'ont plus fait parler d'eux ensuite laisse songeur. Ils constituent une immense publicité gratuite, bénéficiant parfois d'une mise en scène entretenue par les médias qui en font un véritable événement littéraire. L'explosion des ventes qui s'ensuit oblige les grandes maisons d'édition à surveiller de près la composition des jurys, qui souvent se cooptent. Chaque pays a d'ailleurs ses propres prix : au Royaume-Uni, le Booker Prize, d'un montant peu élevé, provoque toujours l'envolée des ventes.

Par-delà les frontières

Le marché du livre se joue des frontières. Beaucoup de pays accueillent des foires internationales. Certaines, comme celle de Francfort, la plus active, ou celle de Bologne pour le livre de jeunesse, sont le lieu privilégié où se concluent les achats de traductions ou les accords de coéditions; la vente de droits peut être source de très importants bénéfices.

Le livre français s'exporte dans les pays francophones, mais aussi aux Etats-Unis et dans les pays européens. Jules Verne, Goscinny grâce à Astérix, et Georges Simenon sont parmi les auteurs les plus fréquemment traduits.

Fondée en 1949 au Canada, la société Harlequin s'implante en 1975 en France, poursuivant la tradition du roman sentimental, destiné à un public surtout féminin. Appartenant à un groupe américain présent dans une centaine de pays, Harlequin-France applique les méthodes qui réussissent si bien aux Etats-Unis : présence massive dans les grandes surfaces, fidélisation d'une partie de la clientèle grâce à la vente par correspondance, rythme soutenu de parution de nouveautés. 12 millions de volumes ont été vendus en France en 1997.

A Francfort, chaque année se tient le plus grand rassemblement international d'éditeurs (ci-contre). La traduction et l'adaptation d'œuvres étrangères occupent en effet une part croissante du marché du livre.

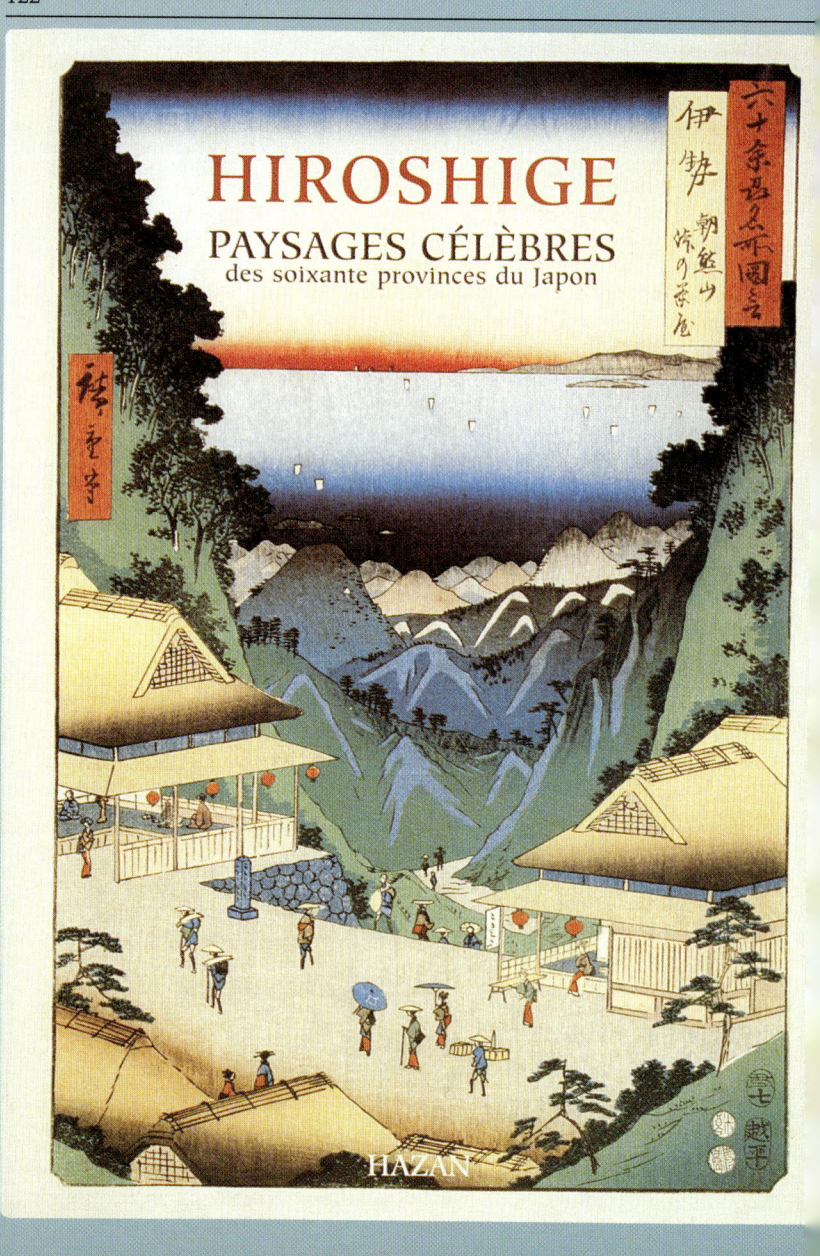

HIROSHIGE
PAYSAGES CÉLÈBRES
des soixante provinces du Japon

HAZAN

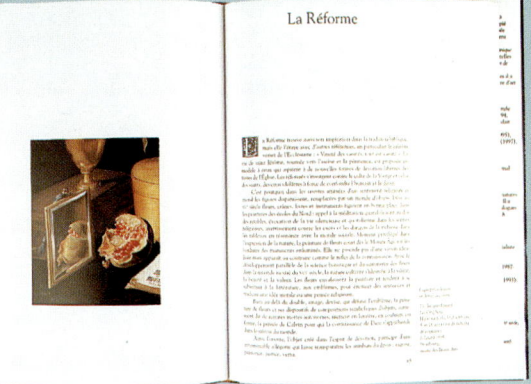

Qu'est-ce qu'un livre d'art?

« Beau livre », livre réalisé par des artistes, livre traitant des beaux-arts, livre-cadeau? La notion de livre d'art a longtemps été synonyme de livre relié, de grand format, sur papier glacé, avec des reproductions en couleurs de qualité, et dont le prix élevé n'est pas obligatoirement dissuasif. Les collections de poche ont toujours eu un certain mal à s'y tailler une place. De récentes initiatives proposent des collections de livres de grand format, à bas prix, brochés, largement illustrés, mais avec des textes de moindre qualité (souvent des traductions hâtives). La production reste dans l'ensemble de haut niveau, dans les mains de quelques éditeurs spécialisés, comme Hazan (page de gauche), Adam Biro (ci-dessus) ou Citadelles Mazenod (ci-contre). Les nouveaux supports électroniques, proposant de véritables musées virtuels, constituent une offre de plus en plus séduisante.

De son côté, l'édition française publie un grand nombre de traductions, à 70 % en provenance de l'anglais, puis de l'allemand et de l'italien. Certains succès hexagonaux sont d'abord des succès sans frontières. La collection «Harlequin» est ainsi un exemple de littérature populaire fabriquée à l'échelle internationale puisque traduite au départ de l'anglais et poursuivie ensuite avec des auteurs nationaux. Lancée en France en 1978, elle offre les caractéristiques du livre de poche (prix d'un magazine, diffusion large, parution soutenue et régulière) auxquelles s'ajoutent d'autres tout à fait rassurantes (roman court de moins de deux heures, fin heureuse de toutes les histoires). Salué d'emblée par de coquets résultats (30 millions d'exemplaires vendus en France en 1982), ce secteur continue à se développer.

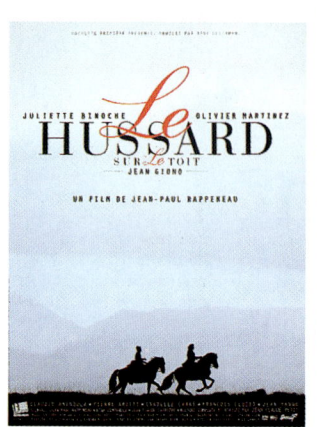

Alliés ou concurrents?

Mais le livre ne jouit plus d'une situation de monopole et nombreuses sont les Cassandre qui, à l'image de Marshall McLuhan dans les années 1980, annoncent sa disparition plus ou moins rapide. A tout le moins, les professionnels s'accordent pour parler de crise. Même si le nombre de titres publiés continue de progresser (30 000 titres vers 1975, 40 000 aujourd'hui), les tirages moyens ne cessent de baisser (9 000 contre 15 000 il y a une dizaine d'années), y compris pour les livres au format de poche, et le chiffre d'affaires de l'édition marque aussi une baisse (14,1 milliards de francs en 1995, contre 14,5 en 1994).

Dès son apparition, chaque nouveau moyen de communication est perçu comme un concurrent du livre. Le cinéma, la radio, la télévision sont tour à tour accusés d'envahir les loisirs et d'ôter le goût de la lecture à la jeunesse. Les optimistes insistent plutôt sur leur capacité à faire connaître certaines œuvres. De fait, les grands quotidiens et hebdomadaires rendent compte des nouveautés, parfois au moyen de suppléments de qualité (*Le Monde des livres*; *Le Figaro littéraire*), tandis que la télévision, dès ses débuts, a diffusé des émissions littéraires («Lectures pour tous» en 1953; «Apostrophes»). Le cinéma et la télévision, par leurs adaptations, contribuent à la découverte d'œuvres peu connues ou d'accès difficile, tout autant qu'ils puisent dans la littérature classique ou policière, comme les romans de la «Série noire».

La stagnation du chiffres d'affaires de l'édition trouve un écho dans les statistiques relatives aux pratiques culturelles. Si, en 1997, 9 % des Français disent ne pas posséder de livres (contre 27 % en 1973), 26 % n'en ont pas lu dans les douze derniers mois; 14 % peuvent être classés dans la catégorie des grands lecteurs (plus de 25 livres lus dans les douze derniers mois), alors qu'ils étaient 22 % en 1973.

L'adaptation cinématographique d'œuvres littéraires (à gauche, *Le Hussard sur le toit*), les émissions littéraires à la radio ou à la télévision (ci-dessus, «Apostrophes») et la création de vastes librairies accueillantes (à gauche, le Furet du Nord, à Lille) contribuent à diversifier l'accès au livre.

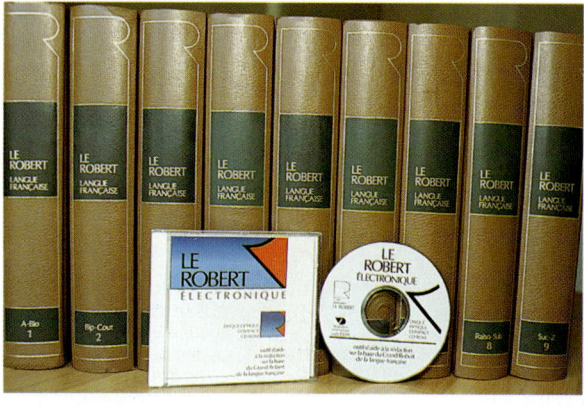

Le livre virtuel

Depuis quelques années, un nouveau venu, le multimédia, est annoncé comme devant terrasser le livre traditionnel. L'invention de Gutenberg n'avait pas marqué de rupture fondamentale avec le livre manuscrit, n'ayant pour but premier que de le fabriquer plus rapidement, de le multiplier, ce qui permettait de le rendre moins cher et moins rare. La production en série du livre avait eu pour résultat de multiplier les intermédiaires entre l'émetteur du message et son destinataire.

La rupture semble bien plus profonde avec l'édition électronique, qui libère le livre des contraintes du support. Peut-on encore parler de livre quand le support même du texte, complètement modifié, cesse d'être manipulable avec les mains. Les nouvelles techniques de reproduction et de transmission à distance continueront dans les années à venir à bouleverser les conditions de fabrication du livre, au point de remettre

Morale ou politique, pour protéger la jeunesse ou certaines institutions, la censure n'a jamais cessé d'exister. Le livre du docteur Gubler, *Le Grand Secret*, publié en janvier 1996 peu après la mort de François Mitterrand, fut aussitôt interdit. Il fut alors possible de le consulter sur Internet (ci-contre).

en cause sa forme. La plupart des grandes maisons d'édition participent à ce processus. Certains ouvrages, notamment les encyclopédies, sont proposés simultanément par les éditeurs sous une forme traditionnelle et sur CD-Rom, beaucoup moins encombrant, proposant texte, image et son!

La relation même d'auteur et d'éditeur est remise en cause : un auteur peut écrire, et diffuser immédiatement un texte électronique, et le remanier aussi souvent qu'il le souhaite, sans passer par le moindre intermédiaire. Pour le lecteur, la rupture n'est pas moindre : le livre cesse d'être un objet qu'il manie. Le texte se déroule désormais devant ses yeux, un peu à la manière du rouleau antique, et sa structure même n'est plus conçue comme figée, mais comme un ensemble d'éléments que l'on peut consulter à sa guise, à travers une gamme très large de potentialités.

Notre époque voit la coexistence de modes de lecture très variés, de la consultation sophistiquée sur CD-Rom à la traditionnelle lecture sur papier. Un CD-Rom permet une recherche de type feuilletage très aisée et la création de liens (ou hypertexte) entre les différentes entrées qui en rendent le maniement performant (en page de gauche, le *Robert* électronique). La transmission à distance, l'accès de plus en plus large à des réseaux de banques de données très diversifiées et la possibilité pour chacun d'intervenir directement sur les textes sont en train de bouleverser totalement le schéma habituel du livre, de l'auteur au lecteur, en brouillant les frontières de leurs domaines respectifs et en mettant en cause le rôle de l'éditeur. Mais le plaisir de la lecture reste encore associé à la forme traditionnelle du livre.

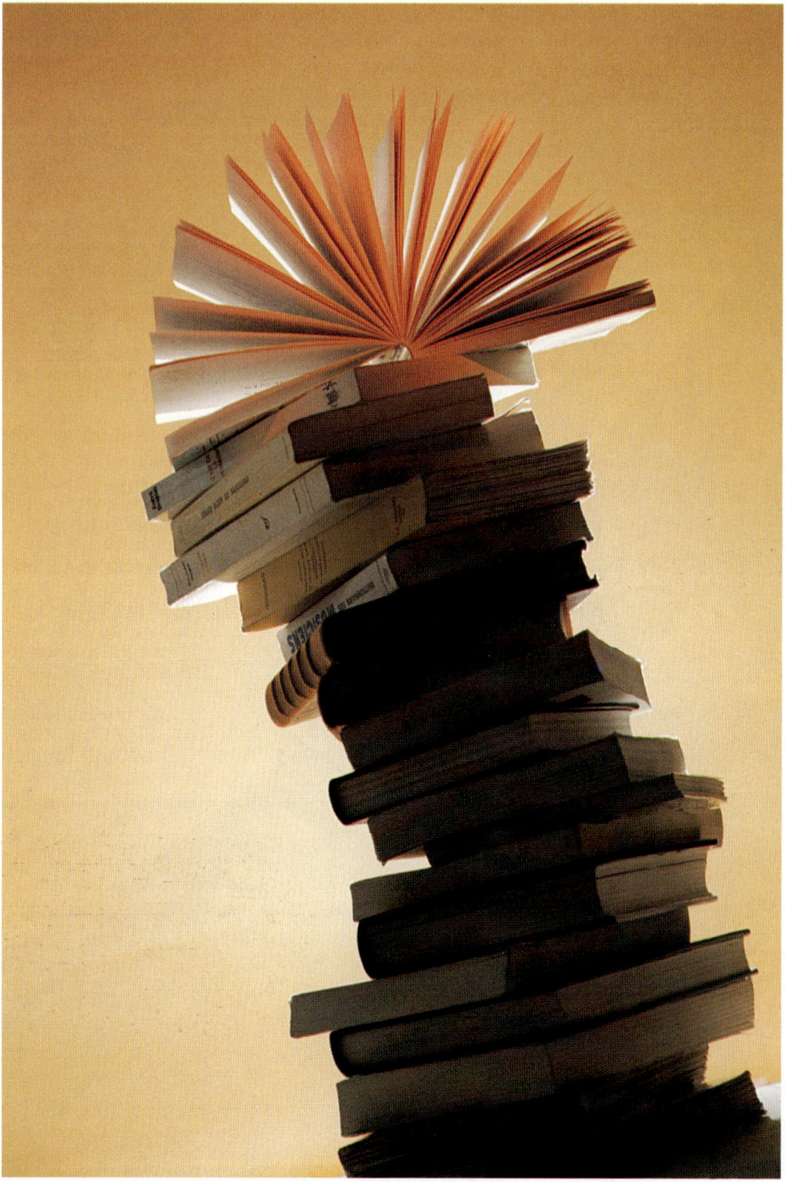

TÉMOIGNAGES ET DOCUMENTS

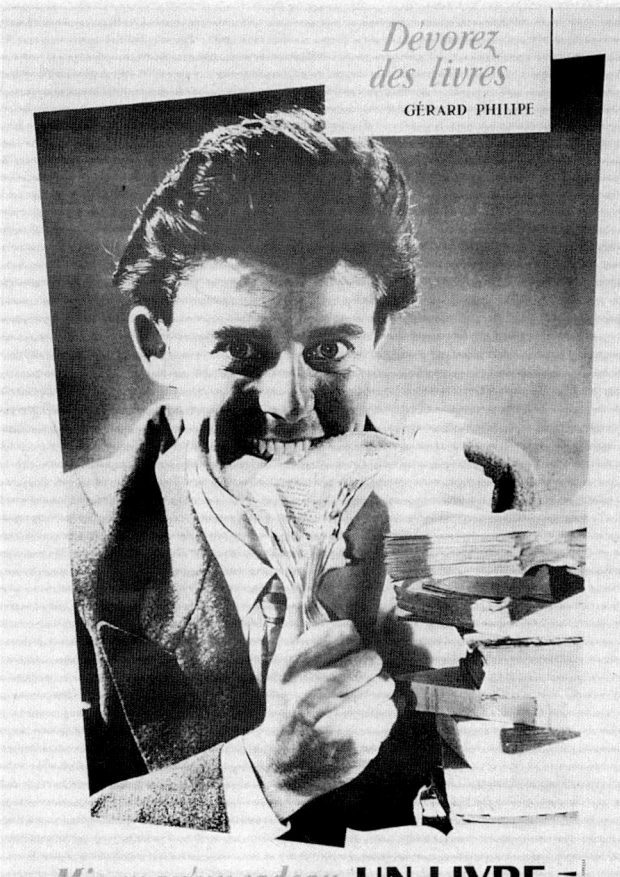

Dévorez des livres
GÉRARD PHILIPE

Mieux qu'un cadeau, **UN LIVRE**

Portraits d'éditeurs

C'est à partir du XIXe siècle que les maisons d'édition contrôlent étroitement la fabrication du livre, de la commande du manuscrit jusqu'à la diffusion de l'objet imprimé. A leur tête, les éditeurs deviennent d'incontournables intermédiaires pour les auteurs inquiets du succès de leurs œuvres. Crainte, affection, mépris, admiration : les nouveaux seigneurs du livre sont l'objet de témoignages nombreux, parfois partiaux, qui témoignent de la grande diversité de ce milieu.

Chez Alphonse Lemerre, éditeur parisien.

Dans ses souvenirs, le trop prolifique Paul de Kock, un des auteurs français les plus traduits au XIXe siècle, mais bien oublié aujourd'hui, a tracé de pittoresques portraits de ses nombreux éditeurs.

Souverain

D'origine bourguignonne, Souverain fut notamment l'un des éditeurs les plus réguliers de Balzac.

Un homme d'esprit aussi, Souverain! Fin! très-fin! archifin! Un exemple : le premier de mes romans pour lequel nous fîmes affaires, c'était *Ce Monsieur*. Deux volumes. Au moins l'avais-je écrit pour deux volumes, et traitâmes-nous en conséquence. Je ne fus donc pas peu surpris, en commençant de corriger les épreuves de *Ce Monsieur*, de voir que Souverain prenait ses dispositions pour l'imprimer en trois volumes.

J'allai le trouver.

– En effet, me dit-il, *Ce Monsieur* aura trois volumes. Mais que vous importe ?

– Il m'importe... que je ne vous en vendu que deux... et que je suis étonné...

– De quoi ? Raisonnons, s'il vous plaît. Vous ai-je, ou non, payé vos deux volumes le prix que vous m'en avez demandé?

– Oui.

– Eh bien! Parce que, d'un blé que j'ai acquis de mes deniers, il me convient, en meunier habile, de tirer trois moutures au lieu de deux, où est le mal? Ce qui est à moi est à moi pour en faire l'usage qui me semble le plus profitable. Je vous défie de me prouver le contraire!

Je ne répondis point, bien que le raisonnement de ce cher Souverain me parût spécieux; mais, à notre prochaine affaire, je me promis d'agir en sorte d'avoir ma part de toutes les moutures qu'il tirerait de mon blé!

Cette fois, ce fut l'*Amoureux transi* que je lui cédai. «En trois volumes…» lui dis-je, en lui remettant le manuscrit.

– Soit! répliqua-t-il sans sourciller; je vous payerai donc trois volumes.

Et il me les paya réellement. Mais de ces trois volumes, il en fit quatre! Comme libraire, décidément, Souverain était un meunier trop habile pour moi! Je me déclarai vaincu.

Paul de Kock, Mémoires, 1869

Le prince des éditeurs

Les portraits de Pierre-François Ladvocat, le «prince des éditeurs» abondent, car son éclatante, mais éphémère, réussite n'est pas passée inaperçue dans les rues de Paris.

1822 représente la grande époque de Ladvocat. Il reçoit le titre de libraire du duc de Chartres. Son enseigne orgueilleuse s'étale en plein Palais-Royal, son commerce prospère, son magasin devient la librairie en vogue et s'emplit chaque heure, jour d'une élégante clientèle. Il invente la publicité, les affiches vantant en grandes lettres les livres qu'il édite. Lui-même se charge des relations publiques de sa maison : «Toujours aimable et souriant, il allait voir les journalistes, leur distribuant ses nouveaux livres. Il les recevait dans les endroits à la mode, le Rocher de Cancale, le Café de Paris, leur offrant à dîner. […]

Il obtint les honneurs de la comédie, il alla se voir et se saluer en plein théâtre. Cela s'appelait L'Imprimeur sans caractère. Il fut content mais, le lendemain, il envoya au comédien qui le représentait l'habit, le gilet et le pantalon que lui-même avait portés : gilet à fleurs panachées, habit à boutons d'or pantalon gris-blanc rayé de bleu. Le chapeau était blanc, la cravate était comme un semis de pois de senteur. Il portait des gants de peau de Suède; ajoutez le talon haut et presque rouge. Apprenez, mon cher Monsieur, dit-il au comédien, à vous habiller historiquement, quand vous représentez un personnage historique. Et la ville entière d'aller le voir.» (Jules Janin)

Felkary, Balzac et ses éditeurs,
Promodis, 1987

Hachette

Beaucoup de grandes maisons d'édition contemporaines ont débuté modestement au siècle précédent. Hachette ne fait pas exception. Mais son ascension fut particulièrement rapide.

En 1836, Hachette fit l'acquisition de la maison où était installée la Librairie. […] Louis Hachette transforma la petite cour de l'immeuble en un jardinet qui lui rappelait le jardin de la maison de campagne qu'il louait et habitait pendant la belle saison, partant tous les jours d'avril à octobre à 5 h 1/2 par la voiture de Châtillon et revenant le lendemain matin à l'ouverture du magasin, tant il mettait d'activité aux affaires qu'il n'a jamais négligées que je sache.

Pendant le veuvage de M. Hachette, nous fûmes, tous ses commis, à l'exception de M. Victor Masson qui était alors en voyage, invités à aller dîner un dimanche du mois d'août à sa maison locative de Châtillon, qu'il quitta et qui fut remplacée quelque temps après par une belle propriété qu'il acquit dans le même pays, rue de Bagneux. Ce petit domaine était mieux en rapport avec la position sociale que M. Hachette occupait déjà dans le monde, que le précédent logement; il est vrai que sous ce rapport M. Hachette était très modeste et aimait peu l'ostentation et que ce n'est que par degré qu'il s'est élevé socialement et locativement. Ce jour d'invitation, M. Hachette se montra très gracieux et se dépouilla complètement du patronat. Avant le dîner, il nous fit faire une charmante promenade dans les bois de Verrières, causant avec nous comme un ami, nous mettant tous à l'aise. Il y eut beaucoup d'entrain au dîner, nous revînmes tous très satisfaits de son aimable invitation qui fut la première et qui, malgré la cordialité de ce jour-là, fut cependant la dernière de sa part. (A. Langlois)

> Jean Mistler, *La Librairie Hachette de 1826 à nos jours*, Hachette, 1964

Hetzel

Dans la seconde moitié du siècle, l'éditeur (mais aussi auteur et homme politique) Pierre Jules Hetzel nouera des relations d'amitié avec nombre d'auteurs. Edouard Grenier, qui l'a connu jeune, en a laissé un portrait vivant.

Sa figure avait de la noblesse et de la finesse à la fois; il portait toute sa barbe, une jolie barbe légère d'une nuance vénitienne, et ce qui l'encadrait encore mieux et achevait de lui donner un caractère de jeunesse et de fierté, c'était une forêt de cheveux qu'il rejetait en arrière. Mais son charme et sa séduction n'étaient pas là : ils venaient plutôt du moral, de la grâce de ses paroles, de la finesse de ses aperçus, de la délicatesse presque féminine de ses sentiments. […]

Devant tous les autres, et même les plus grands, il gardait son franc-parler et son libre arbitre. Il agissait ainsi comme éditeur et ne se gênait pas pour imposer des corrections à tout le monde. Il publiait alors (1843) *Le Diable à Paris*, avec le concours des premiers écrivains de l'époque; je suis sûr qu'il a dû corriger Balzac, et je ne répondrais pas qu'il n'eût traité de même Mme Sand et Musset. Cette franchise lui fit bien des ennemis, surtout parmi les petits. Il avait un autre tort à leurs yeux. Il m'avoua un jour avoir payé plus de dix mille francs de copie à ces mêmes petits écrivains pour des articles qu'il acceptait et qu'il n'imprimait pas. – «C'est autant d'ennemis que tu te payes, lui disais-je; ton argent ne les console pas de voir leur prose dédaignée et remplacée par la tienne; leur amour-propre ne te le pardonnera jamais.»

> Edouard Grenier, *Souvenirs littéraires*, Paris, Lemerre, 1894

A la force du poignet

Par sa ténacité, Ernest Flammarion va hisser sa maison d'édition à la deuxième place derrière Hachette, à la veille de la Première Guerre mondiale.

Il se plaît à raconter, sans acrimonie, les souvenirs de son enfance pauvre. Il aime rappeler le temps où, revenant à pied du Jardin des Plantes, il allait acheter, boulevard Saint-Denis, deux sous de galette qu'il faisait couper en quatre parce qu'il devait partager avec ses camarades. […]

Ses amis sont des commis-libraires ou des employés de chez Déclé avec qui il est en bons termes. Ensemble, ils sortent le dimanche après-midi et vont aux concerts Pasdeloup, par exemple, car ces jeunes gens ne perdent aucune occasion de se cultiver. Ernest qui passe certains de ses soirs et son dimanche matin souvent, aux cours du Conservatoire des Arts et Métiers, a encore envie d'apprendre.

Quand vient l'âge du mariage, il ne cherche pas à faire un mariage d'intérêt en épousant une fille de libraire, comme c'est souvent l'habitude dans la profession. Il épouse une ouvrière et se justifie ainsi auprès de sa sœur qui avait rêvé "mieux» : «Je reconnais le premier

"Des allures de jeune homme aux tempes blanchies avant l'heure, des prunelles aiguës d'antiquaire derrière des lunettes de myope et une barbe aux tons de palissandre dont les deux pointes achevées en tire-bouchonnements de cigarettes roulées à la maison, se tournent le dos comme deux jumelles qui auraient eu des mots ensemble."
Ernest Flammarion vu par Georges Courteline

que la personne en question n'a pas le degré d'instruction que j'aurais désiré. Mais, est-ce là tout ? Oui, si j'en excepte le côté matériel. Le caractère me plaît à tous les points de vue; l'esprit d'ordre qui règne chez elle me flatte encore davantage. [...] Dans cette loterie qu'on appelle le mariage, l'appât d'un gros lot en fait choir beaucoup.»

Elisabeth Parinet,
La Librairie Flammarion, IMEC, 1992

Alphonse Lemerre, l'éditeur des poètes

Editeur des Parnassiens, Alphonse Lemerre tenait une boutique dans le passage Choiseul qui était le rendez vous des poètes.

Alphonse Lemerre, qui fut, pendant plus de trente années, l'éditeur unique des poètes, avait débuté dans sa carrière par un coup d'audace et de génie. Après avoir quelque temps servi comme employé le libraire Percepied, qui tenait dans le passage un magasin de livres pieux, il acheta le fonds achalandé médiocrement de son patron; du soir au lendemain, il transforma l'objet de son commerce; jugeant l'heure favorable, il imagina de publier des vers. Hardi normand, avec l'esprit aventureux et le sang-froid qu'il tenait de sa race, il hasarda le grand coup de rééditer avec splendeur les poètes du XVIe siècle, Ronsard, Baïf, Rémy Belleau, en restaurant l'orthographe de l'époque, d'après les textes les meilleurs et les plus sûrs. Pour un jeune homme, pour un débutant, la veille encore simple commis, l'entreprise était chanceuse. Mais Lemerre, doué d'un rare instinct commercial, prévoyait déjà la réussite, la fortune, le succès. Il venait de se marier. Sa femme, laborieuse comme lui, tenait un magasin de mode en face de la librairie. Elle partageait la foi de son jeune compagnon, relevait son courage, le secourait de son travail. Souventefois, les chiffons vinrent en aide à la littérature; jusqu'au dernier sou, les tiroirs de la modiste se vidèrent dans la main de l'imprimeur ou du marchand de papier. Jamais Alphonse Lemerre n'évoquait sans une émotion touchante le souvenir de cette courageuse amie. A l'effort des jeunes gens, la Fortune se montra bénigne. La vogue, dès les premiers jours, entra dans la maison du passage Choiseul que, désormais elle ne quitta plus.

Laurent Tailhade,
Quelques fantômes de jadis,
Edition française illustrée, 1919

La librairie

S'il n'y avait pas les librairies... le livre et le lecteur ne se connaîtraient pas et ne seraient donc pas. Cercles d'initiés ou grandes surfaces, leur diversité nous fascine. Après la séduction de la vitrine, entrer dans l'une d'elles est une aventure à l'issue incertaine et le compagnon qu'on y adoptera n'est pas toujours celui dont la couverture avait attiré l'œil. Mais une librairie, c'est d'abord une atmosphère.

Adrienne Monnier dans sa librairie.

Aux Amis des livres

A Paris, le quartier latin n'a jamais cessé d'être au cœur de la vie intellectuelle. Certaines librairies sont aussi des rendez-vous d'écrivains et d'amoureux de l'écriture. Dans la librairie d'Adrienne Monnier, Aux Amis des livres, on pouvait rencontrer pendant l'entre-deux-guerres les plus grands écrivains français.

J'ai vingt ans. Je suis élève à l'E.N.S. de Saint-Cloud. [...] Le bateau-mouche qui vient d'accoster me dépose. Une demi-heure plus tard, quai du Louvre, je fouille dans les boîtes des quais. Je remonte le boulevard Saint-Michel, m'arrête chez Gibert, prends la rue Racine jusqu'aux Editions Sociales Internationales, parcours les galeries de l'Odéon, jette un œil sur leurs boîtes d'occasions, descends la rue. «Aux Amis des livres» c'est la vitrine plus que l'étalage extérieur, qui me retient. Y trônent les derniers ouvrages des grands auteurs de la N.R.F. : Gide, Claudel, Valéry, Martin du Gard. D'autres que je connais mal : Jouhandeau, Léon-Paul Fargue, Valery Larbaud. Tiens! une belle édition de Maldoror, ouverte sur une illustration de Dali. La revue *Commerce*, luxueuse. Oserai-je pousser la porte? Pas question d'acheter. Ma petite bibliothèque surréaliste : Breton, Eluard, Crevel, je l'ai constituée peu à peu, à raison de deux ou cinq francs l'exemplaire chez Gibert, dans le rayon «occasions» de la Librairie 73 (boulevard Saint-Michel). Ici sauf à l'étalage extérieur, rien n'indique qu'on peut se procurer des ouvrages qui seraient dans mes prix. Tant pis, osons!

Une jeune fille s'avance. Elle tient à la main un paquet qu'elle ficelait. Au fond, derrière une table, porte-plume en l'air, celle qui ne peut être qu'Adrienne

Monnier. Elle a levé la tête. J'interromps ce qui doit être un travail d'expédition. Aux murs peu de rayonnages, mais beaucoup de portraits d'écrivains, se jouxtant sur plusieurs rangées. Sur une ancienne cheminée, suppléée par un Godin, à gauche de la table du fond, d'autres portraits, plus grands, encadrés, quelques-uns dédicacés. Je reconnais à la dérobée Valéry, Gide, méphistophélique, coiffé de son chapeau à la Jean-Jacques, Joyce, les yeux perdus dans le vague. Je n'ose m'avancer pour regarder de plus près. Dans un grand bac, devant moi, des livres dont je ne vois que la tranche supérieure. Il faut les prendre un par un pour s'informer du titre et de l'auteur. Tous couverts d'un papier cristal qui, tout en les protégeant, leur donne belle apparence.

«Ils ne sont pas à vendre, m'informe Adrienne. Réservés à nos abonnés. Regardez plutôt sur les rayons, à votre gauche. Cherchez-vous quelque chose en particulier?»

Pris de court, je bats en retraite. Je suis l'hôte d'une librairie, certes, mais plus sûrement d'un «cabinet de lecture», j'ai appris qu'il en existait plusieurs à Paris.

Adrienne se lève, un peu lourdement, vient à mon secours. Intimidé par son habillement, me redonnent confiance ses yeux bleus, son teint rose, son air avenant. Nonne et fermière, sans doute, mais par ses cheveux coupés court et simplement tirés arrière, une femme dans le vent, une «intellectuelle» qui n'entend pas séduire par sa féminité. J'ai lu ses chroniques dans la N.R.F. Je sais qu'elle a des accointances avec Gide, Joyce, Valéry. C'est par là aussi qu'elle intimide.

Maurice Nadeau,
Grâces leur soient rendues,
Albin Michel, 1990

Un archétype de libraire?

Dans Bourlinguer, *Blaise Cendrars dresse un portrait pittoresque de libraire, peut-être pas entièrement fruit de son imagination.*

Ce qui vous frappait d'abord c'est qu'aucune sonnette n'avait fonctionné pour signaler votre présence et qu'il n'y avait personne, personne pour vous recevoir. On se tenait sur le seuil d'une salle immense, ou qui paraissait telle à cause de l'infinité des livres, trois fenêtres en façade, très haute de plafond, avec des traces de dorures anciennes un peu partout, sur les volets intérieurs qui se repliaient, sur le chambranle et les battants des portes ouvertes, dont deux on trois donnaient sur des pièces adjacentes et qui paraissaient tout aussi grandes que la première et infiniment vastes parce que également remplies, débordantes de livres. Pas âme qui vive. Silence. Rien que des livres. [...]

On regardait. Toujours rien. Personne ne bougeait. [...] On devenait inquiet. On était sur le point de se retirer. Une pile de livres ou de papiers s'éboulait dans la poussière. Et l'on toussait ou l'on éternuait...; alors venait du poêle comme un écho et l'on remarquait seulement alors comme une petite vapeur d'eau écumeuse giclant comme par une fissure imperceptible, un jet continu de mince salive qui tombait dans un crachoir de dimension respectable que l'on avait d'abord pris pour le cendrier du poêle, mais qui était rempli jusqu'aux bords d'un fin poudré de sable dont la surface s'humectait, formant tache : c'était Chadenat qui crachotait et toussotait derrière le poêle et que l'on découvrait enfin, perdu dans un grand fauteuil Voltaire, engoncé dans un garrick à carreaux, les pieds dans une chancelière, un foulard autour du cou, un plaid sur la nuque, une toque en tête, des besicles sur le nez, le nez dans un livre que tenaient ses mains habillées de mitaines, ses longs doigts nus, les manches d'un lainage usagé dépassant sur ses poignets maigres, plongé dans sa lecture, en proie à sa passion et qui ne s'occupait pas plus de vous que si vous n'existiez pas. Pourtant, il avait ses têtes et s'il bondissait pour jeter à la porte un fâcheux, il était d'une patience et d'une affabilité extrêmes envers le visiteur qui, le tirant de sa lecture, savait l'intéresser par une conversation adéquate qui ne le distrayait pas trop de sa passion exclusive et lui demandait des renseignements ou un livre rentrant dans le cadre de ses préoccupations habituelles. […]

En vérité, Chadenat n'aimait pas vendre ses livres et ne le faisait que contraint par les circonstances, neuf fois sur dix en rechignant et toujours à bon escient et comme une grâce, conscient de rendre service à l'un ou à l'autre de ses bons et loyaux clients de toujours, mais spécifiant des conditions et prêt provisoire et d'échange ou de compensation et encore, en choisissant entre les doublets qu'il pouvait posséder l'exemplaire le moins détérioré ou le plus complet ou avec des encartages et des notes marginales ou provenant de tel ou tel cabinet de savant ou muni de tel ou tel ex-libris célèbre ou portant l'estampille d'une des grandes bibliothèques du monde et d'une vente fameuse ou une première édition ou un premier tirage pour le garder pour soi, ne cédant le doublet qu'à bon prix et se refusant par principe à tout marchandage.

Blaise Cendrars, *Bourlinguer*,
éd. Denoël, 1948

Shakespeare and Company

*Au 12, rue de l'Odéon, la librairie Shakespeare and Company est tenue par Sylvia Beach, qui y attire beaucoup d'écrivains anglo-saxons vivant à Paris. C'est elle qui publiera la première édition d'*Ulysse *de James Joyce.*

En ce temps-là, je n'avais pas d'argent pour acheter des livres. Je les empruntais à la bibliothèque de prêt de Shakespeare and Company ; la bibliothèque-librairie de Sylvia Beach, 12, rue de l'Odéon, mettait en effet, dans cette rue froide, balayée par le vent, une note de chaleur et de gaieté, avec son grand poêle, en hiver, ses tables et ses étagères garnies de livres, sa devanture réservée aux nouveautés et, aux murs, les photographies d'écrivains célèbres, morts ou vivants. Les photographies semblaient être toutes des instantanés, et même les auteurs défunts y semblaient encore pleins de vie. Sylvia avait un visage animé, aux traits aigus, des yeux bruns aussi vifs que ceux d'un petit animal et aussi pétillants que ceux d'une jeune fille, et des cheveux bruns ondulés qu'elle coiffait en arrière, pour dégager son beau front, et qui formaient une masse épaisse, coupée net au-dessous des oreilles à la hauteur du col de la jaquette en velours sombre qu'elle portait alors. Elle avait de jolies jambes. Elle était aimable, joyeuse et pleine de sympathie pour tous, et friande de plaisanteries et de potins. Je n'ai jamais connu personne qui se montrât aussi gentil envers moi.

J'étais très intimidé quand j'entrai pour la première fois dans la librairie et n'avais même pas assez d'argent sur moi pour m'inscrire à la bibliothèque de prêt. Sylvia me dit que je pourrais verser le montant du dépôt de garantie quand j'en aurais les moyens, et me donna ma carte, et me dit que je pourrais emporter autant de livres que je voudrais. [...]

« Vous ne reviendrez guère avant longtemps si vous lisez tout cela, dit Sylvia.

– Je reviendrai payer, dis-je, j'ai de l'argent chez moi.

– Ce n'est pas ce que je voulais dire, répondit-elle, vous paierez quand cela vous conviendra.

– Quand Joyce vient-il ? demandai-je.

– Quand il vient, c'est généralement très tard dans l'après-midi, dit-elle. Vous ne l'avez encore jamais vu ?

– Nous l'avons vu déjeuner en famille chez Michaud, dis-je, mais il n'est pas poli de regarder les gens pendant qu'ils mangent, et Michaud est un restaurant cher. »

Ernest Hemingway, *Paris est une fête*, Gallimard Folio n° 465, 1995

Cent ans de librairie Mollat !

Il y a une centaine d'années, Albert Mollat fondait à Bordeaux la librairie qui porte encore aujourd'hui son nom.

Ma connaissance de la librairie Mollat fut d'abord livresque. Les Mollat avaient depuis longtemps quitté les Galeries Bordelaises lorsque je tombais, dans *Commencements d'une vie*, sur la phrase fameuse de Mauriac : « Quand j'erre aujourd'hui dans les rues de ma ville, partout assailli, investi de sensations réveillées, je découvre dans quelle masse de poésie, presque à mon insu, j'ai respiré, je me suis mû : poètes et romanciers découverts à la porte de la librairie Féret, en ce temps-là cours de l'Intendance, et surtout chez Mollat, le libraire des Galeries Bordelaises... »

Ensuite, la correspondance de Gabriel Frizeau m'apprit que, sous ces mêmes galeries, le collectionneur et mécène avait rencontré, pour la première fois, plongé dans la lecture comme dans une prière, Jacques Rivière.

Il m'a fallu attendre les années de faculté pour m'en aller flâner chez Mollat. Mme Sobra et M. Home nous invitaient-ils à nous munir d'urgence du Bruneau et Brunot ou du Damourette et Pinchon, « Parfait, entendait-on dans l'amphi, on les fauchera chez Mollat ». Alors, à l'université, la fauche chez Mollat était un sport prisé. Qu'on se rassure, je n'étais pas sportif. [...]

L'air vif de la Gascogne souffla un moment sur les rayons de littérature générale. Avec Jean Laforgue, chacun parlait de corrida, de rugby, de textes colorés et toniques. Les bandas envahissaient la librairie et le climat feutré et cossu de la salle Albert-Mollat prenait des allures de troisième mi-temps.

Jean-Marie Planes, *1896-1996, Mollat*, 1996

Le texte figuratif

La page est d'abord le lieu fonctionnel où se déroulent les mots et les phrases. Se rapprochant des peintres, les poètes proposent, à la suite de Mallarmé, de la transformer en espace visuel par le jeu des caractères et d'une nouvelle distribution des blancs et des noirs. Apollinaire applique à ces «idéogrammes lyriques» le terme de calligrammes, qui sert de titre à l'un de ses recueils. Le poème devient aussi un tableau.

Un coup de dés jamais n'abolira le hasard est un poème de Mallarmé publié en 1897, tentative de créer un genre nouveau, où les caractères typographiques et l'organisation de l'espace de la page participent aussi à l'expression poétique.

UN COUP DE DÉS

JAMAIS

QUAND BIEN MÊME LANCÉ DANS DES CIRCONSTANCES
ÉTERNELLES

DU FOND D'UN NAUFRAGE

LE NOMBRE

EXISTÂT-IL
autrement qu'hallucination éparse d'agonie
COMMENÇÂT-IL ET CESSÂT-IL
sourdant que nié et clos quand apparu
par quelque profusion répandue en rareté
SE CHIFFRÂT-IL
évidence de la somme pour peu qu'une
ILLUMINÂT-IL

LE HASARD

Choit
la plume
rythmique suspens du sinistre
s'ensevelir
aux écumes originelles
naguères d'où sursauta son délire jusqu'à une cime
par la neutralité identique du gouffre

N'ABOLIRA

```
                        LE MAÎTRE

    surgi
       inférant
                                de cette conflagration

                                                    que se

                                comme on menace

            l'unique Nombre qui ne peut pas


                                                hésite
                                    cadavre par le bras
        plutôt
            que de jouer
                en maniaque chenu
                        la partie
                    au nom des flots
                                                        un


                                    naufrage cela
```

```
                    hors d'anciens calculs
                où la manœuvre avec l'âge oubliée

                    jadis il empoignait la barre
        à ses pieds
                de l'horizon unanime
        prépare
            s'agite et mêle
                    au poing qui l'étreindrait
        un destin et les vents
            être un autre

                Esprit
                    pour le jeter
                            dans la tempête
                        en reployer la division et passer fier


        écarté du secret qu'il détient




                envahit le chef
                coule en barbe soumise

                direct de l'homme
                    sans nef
                        n'importe
                            où vaine
```

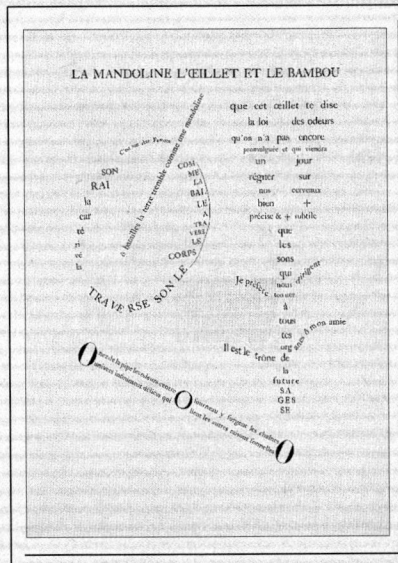

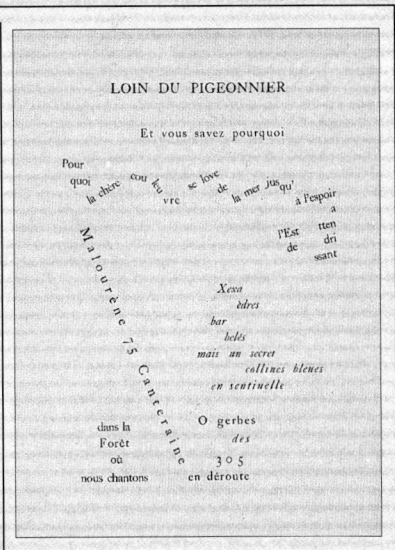

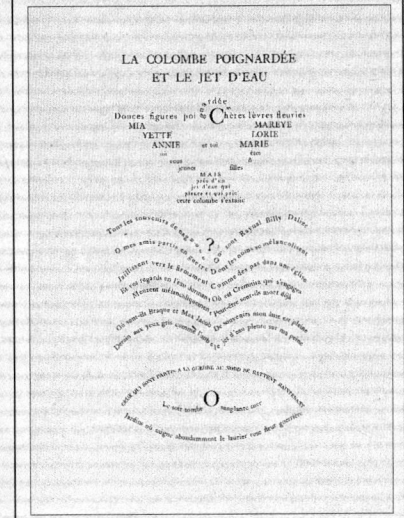

Dans *Calligrammes*, publié en 1918, Apollinaire a multiplié les innovations. Le poème se lit tout autant comme un tableau que comme un texte destiné à être compris.

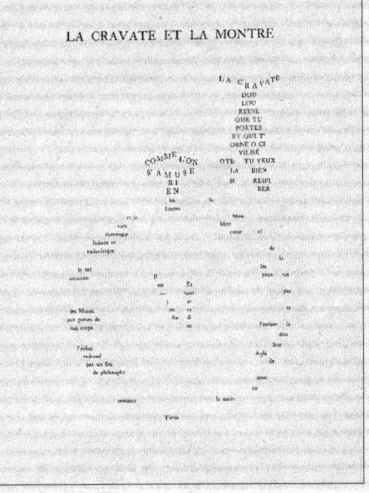

Disposés, ci-dessus, sous forme de mandoline, de queue de pigeon, de fontaine ou de cravate, les vers, non ponctués, ne seront lus qu'une fois l'image perçue.

L'incertain destin du manuscrit

Trouver un éditeur, accepter ses suggestions, négocier le contrat : l'auteur débutant n'a pas toujours la tâche facile. Et certains manuscrits jouent quelquefois de malchance, échappant à la vigilance de l'éditeur. Mais le succès d'un livre s'explique-t-il seulement par ses qualités ?

Les frères Goncourt.

«Cette succession perpétuelle d'illusions et de chutes»

Voir son livre à la vitrine des librairies est un moment de bonheur (et de vanité ?), mais ne marque pas toujours la fin des soucis, ni des griefs contre l'éditeur. Les frères Goncourt ont, dans leur Journal, traduit les sentiments divers qu'éprouve un auteur dont le succès n'est pas à la hauteur de ses espérances.

Mars 1861
Nous rentrons et nous trouvons votre manuscrit de *Philomène*, que nous retourne Lévy, avec une lettre de regrets, s'excusant sur le lugubre et l'horreur du sujet. Et nous pensons que si notre œuvre était l'œuvre de tout le monde, une œuvre moutonnière et plate, le roman que chacun fait et que le public a déjà lu, notre volume aurait été accepté d'emblée. [...]

11 avril
Nous sommes bien heureux de vendre à la Librairie nouvelle notre roman de *Sœur Philomène* quatre sous l'exemplaire [...]

Paris, 11 juillet
Je dîne chez Charles Edmond, après avoir fait les dépôts de *Sœur Philomène* toute la journée. [...] Une lettre de Saint-Victor nous dit, ce matin, que notre livre s'envole. Sur l'eau, dans la barque, hébétés, stupides, nous restons perdus de pensées et d'espérances qui fermentent, le tête, les vœux, la pensée tout entière à Paris, avec des chiffres impossibles de vente qui vous cognent les parois du cerveau. [...]

Paris, 29 juillet
Retour anxieux à Paris, vers notre vie, vers notre livre, vers les nouvelles du succès ou de l'insuccès. Quelle vie que cette vie de lettres! Je la maudis par moments et je la hais. Quelles heures où

les émotions se précipitent en vous! Ces montagnes d'espérances, qui s'élèvent et s'écroulent en vous, cette succession perpétuelle d'illusions et chutes. Ces heures de platitude, où l'on attend sans espérer, ces minutes d'angoisse, comme ce soir, où la gorge serrée, le cœur palpitant, on interroge la fortune de son livre aux étalages et où je ne sais quoi d'affreux et de poignant vous mord devant un libraire, à la vitrine duquel vous ne voyez pas votre livre, votre enfant. Puis ces rêves fous, contre lesquels vous ne pouvez vous défendre : que votre livre est absent, parce qu'il est épuisé. [...]

28 septembre
Décidément, c'est le plus triste métier que le bel art des lettres. Mon éditeur, la Librairie nouvelle, est en faillite. Mes *Hommes de lettres* m'ont coûté à peu près un billet de 500 francs. *Sœur Philomène* ne nous rapportera rien. C'est un progrès...

2 décembre
J'entre aujourd'hui à la Librairie nouvelle, où j'entrevois, comme se cachant dans le fond, le Bourdilliat. Je lui demande où j'en suis de *Sœur Philomène*. Un commis fait semblant de chercher dans les livres et Bourdilliat me répond : «Huit cents...» vraiment, la loi devrait donner une espèce de défense à l'homme de lettres contre ce voleur de confiance qu'on appelle un éditeur.

Edmond et Jules Goncourt,
Journal, Tome 1, 1851-1865
Coll. Bouquins

Qui est l'auteur ?

L'éditeur ne se gêne pas pour exiger des modifications, plus ou moins radicales. Hetzel a la réputation d'avoir souvent retouché les écrits de ses auteurs. Certains, tel Jules Verne, semblent n'y avoir vu aucun inconvénient.

Paris, le 25 avril 1864
Mon cher Hetzel,
Que vous me connaîtriez mal si vous pensiez un instant que votre lettre n'a pas été la bienvenue. Je vous affirme que j'en tiendrai compte, car toutes ses observations sont justes. Je sentais moi-même en écrivant la puérilité de l'antagonisme poussé si loin, mais je ne suis pas encore assez maître de moi pour ne faire que ce que je veux. Ce n'est point un directeur qui m'a écrit, c'est un ami en qui j'ai la plus entière confiance. D'ailleurs, je vous le répète, je sens comme vous. On supprimera le duel d'un coup de plume; quant à là réconciliation des deux hommes on la fera venir plus tôt, mais non à la suite d'une vie sauvée, ce qui serait convenu en diable.
Enfin nous verrons. [...]

Nous causerons de tout cela à votre retour, et nous en causerons bien. Est-ce que vous m'avez jamais trouvé récalcitrant dans la question des coupures ou réarrangements? Est-ce que, dans le *Ballon*, je n'ai pas suivi vos conseils, supprimé le grand récit de Joe, et cela sans douleur?

D'ailleurs, je vais vous dévoiler toute ma pensée, mon cher Hetzel; je ne tiens pas énormément à être un arrangeur de faits; par conséquent, je serai toujours prêt à modifier pour le bien général. Ce que je voudrais devenir avant tout, c'est un écrivain, louable ambition que vous approuverez pleinement.

A. Parménie et C. Bonnier de la Chapelle,
Histoire d'un éditeur et de ses auteurs
Editions Albin Michel, 1985

Un succès bien orchestré

Quand un éditeur croit à un livre, il ne lésine pas sur les moyens pour en faire le lancement. Sur ce plan-là, Grasset a sans doute été un précurseur.

Le 3 mars [1922], Radiguet montait, accompagné de Jean Cocteau, l'escalier en spirale, sombre, étroit, crasseux, de la rue des Saints-Pères. Dans le désordre inouï du bureau «directorial», l'auteur des *Enfants terribles* lut les premières pages du *Diable au corps* devant un Radiguet silencieux. Grasset manifesta son enthousiasme. [...]

Dix jours après la lecture du 3 mars, il signait le «contrat Radiguet». Il s'attachait tous les ouvrages de «Bébé Cadum», ainsi l'appelait-il, pour les dix années suivantes, assurant dans l'immédiat à l'auteur des mensualités de 1 500 francs. [...]

Sous la pression de son éditeur Radiguet reprend, corrige, polit son texte. En octobre 1922, Grasset, qui a lu la version remaniée, suggère de nouvelles retouches au jeune auteur, impatient d'en finir, de «bâcler». Comme pour Laure de Clermont, il s'est mis dans la peau de l'auteur. Il s'acharne. C'est «son Diable au corps». [...]

Le 3 mars 1923, *Le Gaulois* publie les bonnes feuilles du *Diable au corps*. La semaine suivante, le livre est en librairie. Pour couronner le tout et électriser une atmosphère déjà survoltée, «Bébé Cadum» envahit les écrans de cinéma : les actualités Gaumont le montrent signant son contrat rue des Saints-Pères. Un «clip» de six plans qui s'ouvre sur une bande-annonce : «Le plus jeune romancier de France, M. Raymond Radiguet, vient de terminer son premier roman, *Le Diable au corps*.»

Jean Bothorel, *Bernard Grasset, Vie et passions d'un éditeur*, Grasset, 1989

Comme des devoirs de lycéens

Les grandes maisons d'édition se structurent désormais en services aux fonctions bien définies. Même le choix des manuscrits publiés est souvent confié à des comités éditoriaux, dont celui instauré par Gaston Gallimard est le plus célèbre. Robert Aron en a livré quelques secrets.

Mes fonctions de secrétaire de la direction me donnèrent l'occasion de mettre en place un des organismes essentiels de la maison, où se manifestait le mieux son souci de qualité –, le comité de lecture qu'il me fallut organiser et qui, je pense, n'a cessé depuis quelque quarante-cinq ans de se réunir régulièrement une fois par semaine. [...]

Cette assemblée hebdomadaire avait, comme toute réunion d'hommes, ses rites et ses habitudes : chacun tenait son rôle. Malraux effaçait d'un coup de génie les partis pris qui parfois s'y manifestaient. Paulhan apportait un grain d'humour sous la naïveté apparente d'étonnements bien simulés. Benjamin Crémieux se faisait parfois taquiner pour son influençabilité aux jugements portés autour de lui sur tel ou tel écrivain, sur telle ou telle œuvre. Gaston Gallimard, qui intervenait peu lui-même au cours de la discussion, s'efforçait de voir clair à travers les opinions parfois disparates formulées par ses conseillers et en tirait la conclusion, que nul alors ne discutait. [...] L'évaluation des manuscrits se faisait selon un barème, auquel la plupart des participants cherchaient à se conformer.

Les manuscrits (et les auteurs) étaient notés comme des devoirs de lycéens, mais l'échelle était plus réduite. Au lieu du classique 0 à 20, qui permettait alors d'apprécier les travaux scolaires, nous ne disposions que de quatre chiffres pour fixer le sort d'un ouvrage.

Un avis numéro 1 désignait un manuscrit méritant d'être publié et entraînait la signature immédiate d'un contrat avec l'auteur. Le jour où un tel avis était rendu au comité pour un écrivain inconnu ou pour un manuscrit expédié impersonnellement par la poste, chacun se retirait joyeux d'avoir assisté à un tel enrichissement du catalogue de la maison : le lecteur, dont l'avis avait prévalu, faisait figure de triomphateur.

Robert Aron, *Fragments d'une vie*, Plon, 1981

«Victor Hugo, connais pas»

Devant le grand nombre de manuscrits qu'ils reçoivent, certains éditeurs sont parfois obligés de travailler un peu vite. Anne Gaillard, qui anima l'émission vedette du matin sur France-Inter de 1971 à 1978, les a choisis comme «têtes de turcs» de sa dernière prestation. Suivent quelques extraits de ce que les auditeurs ont pu entendre, le 26 mai 1978 :

«[...] Le monde du livre fascine et inquiète. Des milliers d'auditeurs, qui sont autant de candidats auteurs, se posent les mêmes questions : "Comment se faire publier quand on ne connaît personne? Les manuscrits envoyés par la poste sont-ils lus?" Lorsque l'on interroge les éditeurs, poursuivit Anne Gaillard, ils répondent avec, dans la voix, des trémolos de vierge effarouchée, que les recommandations ne servent à rien et que tous les manuscrits sont examinés avec la plus scrupuleuse attention. J'ai voulu en avoir le cœur net. J'ai fait dactylographier en dix exemplaires, *Han d'Islande*, de Victor Hugo et également en dix exemplaires, *Mon village à l'heure allemande* de Jean-Louis Bory, Prix Goncourt 1945. Bien entendu j'ai changé le nom des auteurs et les titres – *Han d'Islande* est devenu Les mineurs sont des fous et *Mon village à l'heure allemande* a été rebaptisé Avec eux, et j'ai posté, aux vingt principaux éditeurs parisiens de littérature générale tantôt le Hugo tantôt le Bory. [...]

Un bon point, messieurs les éditeurs : vous avez tous répondu assez rapidement (j'avais donné le nom et l'adresse d'un ami). Et tous – honte à vous, messieurs les éditeurs –, vous avez refusé le roman de Victor Hugo et le roman de Jean-Louis Bory. Tous, sauf un. Oui, il y a eu une réponse positive : celle de M. Georges Piroué, directeur littéraire des Editions Denoël (Denoël avait reçu *Han d'Islande*), qui m'a fait parvenir – je veux dire à mon complice – une lettre de félicitations... à transmettre à Victor Hugo! [...]»

«Je me suis demandée, continua Anne Gaillard, auquel de ces éditeurs offrir un bonnet d'âne en chef. Lequel couronner, puisqu'ils étaient aussi nuls les uns que les autres. Devant tant de médiocrité, un ex aequo général semblait s'imposer : "En prison pour médiocrité!" Et pourtant, c'est sans hésitation que je décerne la palme suprême aux Editions Belfond. Car la lettre de refus des Editions Belfond – il s'agissait de *Mon village à l'heure allemande* – était, bien entendu, à l'intérieur d'une enveloppe; et cette enveloppe, bien entendu, était timbrée. Mais timbrée, comme c'est devenu la mode, avec une machine à affranchir qui permet d'imprimer, à côté de la marque postale, urne formule publicitaire. Que disait la formule publicitaire de l'enveloppe des Editions Belfond? «Lisez *Le Pied* de Jean-Louis Bory»! L'éditeur de Jean-Louis Bory, Belfond, a donc refusé et retourné, sans le moindre mot, le chef-d'œuvre de son auteur vedette.»

Pierre Belfond qui, prévenu par l'attaché de presse d'Anne Gaillard, avait suivi toute l'émission, convint avec humour qu'il s'était laissé piéger.

in Pierre Belfond, *Scènes de la vie d'un éditeur*, Fayard, 1994

Cet autre monde des livres

L'apprentissage de la lecture est une étape décisive dans le développement de l'enfant. Il renouvelle son rapport avec le monde des adultes et lui permet de se construire un monde merveilleux où l'imagination se déploie. Mais le livre a perdu son monopole. Le texte électronique suscitera-t-il des émotions aussi fortes?

Le Clézio : «J'avais peur de rentrer dans cet autre monde des livres»

L'apprentissage de la lecture est un moment d'émerveillement dans la vie de l'enfant, une première porte qui permet d'accéder au monde des adultes. «Ami, tu te souviens peut-être du jour où tu as appris à lire», commence le texte de Le Clézio…

Les lettres de l'alphabet, c'étaient de drôles d'animaux, crochus et légers, munis de toutes sortes de pattes, de pinces et d'antennes. Il y avait des oiseaux (les v), des moutons (les m), de tout petits insectes comme les x ou les e, et de grosses bêtes majuscules.

Il y avait aussi la goutte o, les petits hommes portant chapeau î, le serpent s, et la lettre que j'ai toujours préférée, le z, l'éclair. C'étaient les lettres que je dessinais sur les carnets de rations de mon grand-père (cela se passait pendant la guerre, et on n'avait pas de cahiers).

C'était le monde d'avant-lire, un monde où tout bouge et change sans cesse, où on peut rêver des heures les yeux ouverts devant un livre en essayant de deviner ce qu'il contient. Peut-être que j'avais peur d'entrer dans cet autre monde des livres, et d'entendre des choses inconnues. J'ai passé de longues matinées, je m'en souviens très bien, dans le lit de ma grand-mère, elle m'enseignant avec une patience sans limites, et moi hésitant, refusant d'entrer dans cet autre monde. Je me souviens très bien de ces longues matinées d'hiver, avec le ciel gris au-dehors, et le bruit grinçant de la girouette sur le toit de la maison, et ces mots qui n'en finissaient pas, ces phrases inconnues qui revenaient chaque jour. Le livre de lecture s'appelait *La Joie de lire*, tout un programme! je ne sais plus comment j'ai fini par apprendre, comment j'ai vaincu ma peur.

Un jour simplement, il y a eu ce monde nouveau, cette lumière nouvelle, la musique des mots et des phrases. J'ai pu lire tout ce que je trouvais, *Alice au pays des merveilles* (ma grand-mère s'appelait Alice), *David Copperfield*, *Tom Sawyer*, *Les Mille et Une Nuits*, et même la collection des «Dictionnaires de la conversation» de ma grand-mère. Je savais lire. Je pouvais entrer dans ces mondes plus vrais et plus forts que ce que voyaient mes yeux.

J.M.G. Le Clézio, in Histoire du livre de jeunesse d'hier à aujourd'hui, en France et dans le monde, Gallimard Jeunesse, 1993

Simone de Beauvoir : à plat ventre sur la moquette rouge

Simone de Beauvoir a retracé dans les Mémoires d'une jeune fille rangée *le plaisir des premières lectures. Plus que le théâtre ou que le cinéma, c'est «l'univers imaginaire» du livre qui constituait son refuge préféré.*

Je m'installais dans l'antichambre, en face de l'armoire normande, et de l'horloge en bois sculpté qui enfermait dans son ventre deux pommes de pin cuivrées et les ténèbres du temps; dans le mur s'ouvrait la bouche d'un calorifère; à travers le treillis doré je respirai un souffle nauséabond qui montait des abîmes. Ce gouffre, le silence, scandé par le tic tac de l'horloge, m'intimidaient. Les livres me rassuraient : ils parlaient et ne dissimulaient rien; en mon absence, ils se taisaient; je les ouvrais, et alors ils disaient exactement ce qu'ils disaient; si un mot m'échappait, maman me l'expliquait. A plat ventre sur la moquette rouge, je lisais Madame de Ségur, Zénaïde Fleuriot, les contes de Perrault, de Grimm, de Madame d'Aulnoy, du chanoine Schmidt, les albums de Töffer, Bécassine, les aventures de la famille Fenouillard, celles du sapeur Camember, *Sans Famille*, Jules Verne, Paul d'Ivoi, André Laurie, et la série des «Livres roses» édités par Larousse, qui racontaient les légendes de tous les pays du monde et pendant la guerre des histoires héroïques. [...]

A la campagne, je jouai à la librairie; j'intitulai Reine d'azur la feuille argentée du bouleau, Fleur des neiges la feuille vernissée du magnolia, et j'arrangeai de savants étalages. Je ne savais trop si je souhaitais plus tard écrire des livres ou en vendre mais à mes yeux le monde ne contenait rien de plus précieux. Ma mère était abonnée à un cabinet de lecture, rue Saint-Placide. D'infranchissables barrières défendaient dans l'infini comme les tunnels du métro. J'enviais les vieilles demoiselles aux guimpes montantes, qui manipulaient à longueur de vie les volumes vêtus de noir, dont le titre se détachait sur un rectangle orange ou vert. Enfouies dans le silence, masquées par la sombre monotonie des couvertures, toutes les paroles étaient là, attendant qu'on les déchiffrât. Je rêvais de m'enfermer dans ces allées poussiéreuses, et de n'en jamais sortir.

Simone de Beauvoir, Mémoires d'une jeune fille rangée, Gallimard, 1958

Sartre : Ces pierres levées, droites ou penchées

Comment naissent les vocations d'écrivains? Dans Les Mots, *Jean-Paul Sartre narre l'admiration qu'il portait à son grand père, Charles Schweitzer, lui-même auteur de livres. Il se souvient aussi avec précision de sa bibliothèque et de l'atmosphère livresque qui a baigné sa jeunesse.*

J'ai commencé ma vie comme je la finirai sans doute : au milieu des livres. Dans le bureau de mon grand-père, il y en avait partout; défense était faite de les épousseter sauf une fois l'an, avant la rentrée d'octobre. Je ne savais pas encore lire que, déjà, je les révérais, ces pierres levées; droites ou penchées, serrées comme des briques sur les rayons de la bibliothèque ou noblement espacées en allées de menhirs [...]. Quelquefois je m'approchais pour observer ces boîtes qui se fendaient comme des huîtres et je découvrais la nudité de leurs organes intérieurs, des feuilles blêmes et moisies, légèrement boursouflées, couvertes de veinules noires, qui buvaient l'encre et sentaient le champignon.

Dans la chambre de ma grand-mère les livres étaient couchés; elle les empruntait à un cabinet de lecture et je n'en ai jamais vu plus de deux à la fois. Ces colifichets me faisaient penser à des confiseries de Nouvel An parce que leurs feuillets souples et miroitant semblaient découpés dans du papier glacé. Vifs, blancs, presque neufs, ils servaient de prétexte à des mystères légers. Chaque vendredi, ma grand-mère s'habillait pour sortir et disait : «Je vais les rendre» au retour, après avoir ôté son chapeau noir et sa voilette, elle les tirait de son manchon et je me demandais, mystifié : «Sont-ce les mêmes?» Elle les «couvrait» soigneusement puis, après avoir choisi l'un d'eux, s'installait près de la fenêtre, dans sa bergère à oreillettes, chaussait ses besicles, soupirait de bonheur et de lassitude, baissait les paupières avec un fin sourire voluptueux que j'ai retrouvé depuis sur les lèvres de la Joconde; ma mère se taisait, m'invitait à me taire, je pensais à la messe, à la mort, au sommeil : je m'emplissais d'un silence sacré.

Jean-Paul Sartre,
Les Mots, Folio n° 607

Borges : un objet infini ?

Mais le livre n'est pas seulement un jardin de merveilles enfantines. C'est aussi parfois un inquiétant labyrinthe. Car le livre est une architecture intellectuelle en trois dimensions, dont chaque page entretient une série inépuisable de liens avec les autres pages. Il obéit à une logique combinatoire infinie.

Je l'ouvris au hasard. Les caractères m'étaient inconnus. Les pages, qui me parurent assez abîmées et d'une pauvre typographie, étaient imprimées sur deux colonnes à la façon d'une bible. Le texte était serré et disposé en versets. A l'angle supérieur des pages figuraient des chiffres arabes. Mon attention fut attirée sur le fait qu'une page paire portait, par exemple, le numéro 40514 et l'impaire, qui suivait, le numéro 999. Je tournai cette page; au verso la pagination comportait huit chiffres. Elle était ornée d'une petite illustration, comme on en trouve dans les dictionnaires : une ancre dessinée à la plume, comme par la main malhabile d'un enfant. L'inconnu me dit alors :

– Regardez-la bien. Vous ne la verrez jamais plus.

Il y avait comme une menace dans cette affirmation, mais pas dans la voix.

Je repérai sa place exacte dans le livre et fermai le volume. Je le rouvris aussitôt. Je cherchai en vain le dessin de l'ancre, page par page. Pour masquer ma surprise, je lui dis :

– Il s'agit d'une version de l'Ecriture Sainte dans une des langues hindoues, n'est-ce pas ?

– Non, me répondit-il. [...] J'ai acheté ce volume daans un village de la plaine, en échange de quelques roupies et d'une bible.

Il me dit que son livre s'appelait le *Livre de Sable*, parce que ni ce livre ni le sable n'ont de commencement ni de fin.

Il me demanda de chercher la première page.

Je posai ma main gauche sur la couverture et ouvris le volume de mon pouce serré contre l'index. Je m'efforçai en vain : il restait toujours des feuilles entre la couverture et mon pouce. Elles semblaient sourdre du livre.

– Maintenant cherchez la dernière.

Mes tentatives échouèrent de même; à peine pus-je balbutier d'une voix qui n'était plus ma voix :

– Cela n'est pas possible.

Toujours à voix basse le vendeur de bibles me dit :

– Cela n'est pas possible et pourtant cela est. Le nombre de pages de ce livre est exactement infini. Aucune n'est la première, aucune n'est la dernière

J.L. Borges, *Le Livre de sable*,
Gallimard, Folio bilingue, 1975

Le livre à l'écran : un objet virtuel

En ces temps de révolutions technologiques, l'historien Roger Chartier s'interroge sur les bouleversements qui sont en train d'affecter le livre dans sa matérialité même. Peut-on lire à l'écran comme on feuillette un livre?

Il est d'ailleurs difficile d'employer encore le terme d'objet. Il y a bien un objet qui est l'écran sur lequel le texte électronique est lu, mais cet objet n'est plus immédiatement, directement manié par le lecteur. L'inscription du texte sur l'écran crée une distribution, une organisation, une structuration du texte qui n'est pas du tout la même que celle que rencontrait le lecteur dans le rouleau de l'Antiquité ou le lecteur médiéval, moderne et contemporain dans le livre manuscrit ou imprimé, où le texte est organisé à partir de sa structure en cahiers, feuillets et pages. Le déroulement séquentiel du texte sur l'écran, la continuité qui lui est donnée, le fait que ses frontières ne sont plus aussi radicalement visibles que dans le livre qui enferme à l'intérieur de sa reliure ou de sa couverture le texte qu'il porte, la possibilité pour le lecteur de mêler, d'entrecroiser, d'assembler des textes qui sont inscrits dans la même mémoire électronique : tous ces traits indiquent que la révolution du texte électronique est une révolution des structures du support matériel de l'écrit comme des manières de lire.

Cela, c'est l'objet. Si l'objet perd de sa densité ancienne, peut-on dire alors que le lecteur se sent pousser des ailes?

Dans un sens, oui. D'un côté, le lecteur de l'écran ressemble au lecteur de l'Antiquité : le texte qu'il lit se déroule devant ses yeux; bien sûr, il ne se déroule pas comme le texte d'un rouleau qu'il fallait dérouler horizontalement, puisque ici il se déroule verticalement. D'un autre côté, il est comme le lecteur médiéval ou le lecteur du livre imprimé qui peut utiliser des repères tels que la pagination, l'indexation, le découpage du texte. Il est à la fois ces deux lecteurs. En même temps, il est plus libre. Le texte électronique lui permet davantage de distance par rapport à l'écrit. En ce sens, l'écran apparaît comme le point d'aboutissement du mouvement qui a séparé le texte du corps. Le lecteur du livre en forme de codex le pose devant lui sur une table, en tourne les pages ou bien le porte sur lui lorsque le format est plus petit et qu'il peut le saisir dans ses mains. Le texte électronique rend possible un rapport beaucoup plus distancié, décorporalisé.

Roger Chartier,
Le Livre en révolution,
Editions Textuel, 1997

GLOSSAIRE

Achevé d'imprimer : mention portée sur la dernière page d'un volume indiquant la date exacte d'impression. Apparaît au XVIIe siècle.

Adresse : indication, le plus souvent sur la page de titre, du nom de l'éditeur, de son adresse commerciale et de la date d'impression. Se généralise au XVIe siècle.

Ais : planchettes de bois utilisées jusqu'au XVIe siècle pour former le plat des reliures et recouvertes de peau.

Alfa : papier fin et léger obtenu à partir de la plante de ce nom croissant en Afrique du Nord. Utilisé depuis le début du XXe siècle.

Anglaise : écriture cursive, penchée à droite.

Antique : caractère d'imprimerie sans plein ni délié.

Aquatinte : procédé de gravure à l'eau-forte imitant le lavis.

Assemblage : action de rassembler, dans le bon ordre, les différents cahiers d'un livre en vue de leur reliure ou de leur brochage.

Atlas : 1) recueil de cartes géographiques. 2) recueil de planches jointes à un ouvrage.

Avant-propos : introduction placée en tête d'un livre.

Avertissement : court propos, placé en début d'ouvrage, mettant en garde le lecteur contre une possible interprétation erronée.

Balle : dans les débuts de l'imprimerie, tampon qui sert à encrer la forme d'imprimerie.

Bandeau : ornement horizontal placé en tête d'un chapitre.

Basane : peau de mouton couramment utilisée en reliure.

Bas de casse : en typographie, désigne les lettres minuscules, qui étaient traditionnellement placées dans les compartiments du bas des casses de caractères.

Bible (papier) : papier fin et résistant, utilisé pour l'impression d'ouvrages comportant un grand nombre de pages.

Bibliophilie : amour des livres rares et précieux.

Bon à tirer : formule donnée par l'auteur ou l'éditeur sur une épreuve et autorisant l'imprimeur à entreprendre le tirage.

Bonnes feuilles : pages significatives d'un livre extraites, pour communication, du tirage définitif avant son assemblage.

Bouffant : papier plus léger et volumineux.

Bradel : type de reliure dans lequel les cahiers cousus sont emboîtés dans une couverture cartonnée.

Brochure : ouvrage broché de petite taille; action de réunir sous une même couverture les différents cahiers d'un ouvrage.

Bromure : papier photographique spécial utilisé en photocomposition.

Burin : tige d'acier utilisée pour la gravure en taille douce.

Cadrat : en imprimerie, blanc plus ou moins large utilisé pour séparer les mots ou finir les lignes.

Cahier : élément du livre formé par une feuille de papier pliée.

Capitale : lettre majuscule utilisée pour les inscriptions antiques et conservée ensuite pour les initiales.

Caroline : écriture cursive employée à l'époque carolingienne.

Cartonnage : action de couvrir un livre de carton ou de papier; désigne également ces couvertures.

Casse : dans l'imprimerie ancienne, grand tiroir divisé en petits compartiments (les cassetins) et servant à ranger les caractères en plomb.

Chagrin : peau de chèvre, très solide, utilisée en reliure.

Chasse : 1) largeur du caractère typographique. 2) en reliure, partie des plats qui dépasse du livre.

Chemin de fer : plan précis d'un livre effectué par le maquettiste.

Chine (papier) : papier de faible épaisseur, fabriqué à partir de l'écorce de bambou.

Cromalin : papier et procédé photographique permettant d'obtenir des épreuves de contrôle en couleurs sans passer par l'impression.

Chromolithographie : impression lithographique en couleurs.

Cicéro : unité de mesure typographique.

Clichage : procédé consistant à prendre l'empreinte d'une composition typographique dans un carton mou (ou flan) qui sert ensuite de moule.

Codex : forme du livre occidental depuis l'Antiquité, composé de cahiers reliés les uns avec les autres.

Coédition : entente de deux (ou plus) éditeurs pour publier un livre.

Coiffe : extrémité des deux extrémités du dos d'un livre relié.

Colophon : formule finale d'un livre donnant des indications sur l'ouvrage, l'adresse et la date de fabrication.

Composition : assemblage des caractères d'imprimerie pour former la page.

Composteur : en imprimerie, règle de métal sur laquelle le compositeur assemble les caractères de la ligne à composer.

Contrefaçon : reproduction frauduleuse d'un ouvrage.

Contreplat : revers du plat d'une reliure.

Copyright : mention reproduite au verso de la page de titre indiquant que l'ouvrage a été déposé à la Bibliothèque du Congrès à Washington, ce qui en protège la propriété littéraire.

GLOSSAIRE

Coquille : erreur typographique.
Correcteur : personne chargée de la correction des épreuves d'imprimerie.
Corps : taille d'un caractère d'imprimerie.
Couché (papier) : papier rendu lisse par l'adjonction d'une préparation spéciale à base de produits minéraux.
Couronne (papier) : format de papier.
Cul-de-lampe : ornement de forme triangulaire situé en fin de chapitre.
Cursive : écriture courante et rapide.
Cuvette : empreinte laissée sur le papier par l'impression d'une planche gravée en taille-douce.
Dédicace : introduction par laquelle un auteur remercie un personnage qui l'a aidé à la réalisation de son œuvre.
Dépôt légal : obligation faite aux éditeurs et aux imprimeurs de déposer un ou plusieurs exemplaires de leur publication à la Bibliothèque nationale de France.
Didot : famille de caractères d'imprimerie.
Distribution : rangement des caractères dans la casse après la composition.
Dos : partie arrondie du livre où se trouvent portés le titre et le nom de l'auteur.
Eau-forte : procédé de gravure en creux, utilisant l'acide pour attaquer le cuivre.
Emboîtage : étui de carton protégeant les livres dans l'attente d'une reliure.
Empattement : épaississement des caractères d'imprimerie, en haut et en bas des jambages.
Enfer : partie d'une bibliothèque où sont regroupés les ouvrages licencieux.
Enluminure : décoration ou illustration d'un manuscrit ou d'un incunable.
Epreuve : tirage d'un texte avant son impression définitive.
Errata : liste, insérée dans un ouvrage, des corrections à apporter aux fautes d'impression.
Estampage : décoration des reliures par l'impression de plaques de métal.
Ex-libris : mention de propriété d'un livre, manuscrite ou imprimée.
Explicit : dans le livre médiéval, formule finale d'un livre donnant des indications sur sa fabrication.
Façonnage : ensemble des opérations de fabrication du livre après l'impression.
Fac-similé : reproduction à l'identique d'un livre ou d'une image.
Faux-titre : titre abrégé placé avant la page de titre.
Figures : illustrations insérées dans le texte d'un livre.
Filigrane : marque du fabriquant de papier, visible par transparence.
Film : support synthétique photosensible utilisé en photogravure.
Flashage : opération consistant à traduire sous forme de films un ou plusieurs fichiers informatiques.
Fleuron : ornement en forme de fleur ou de bouquet de fleurs.
Foliotation : numérotation des feuillets d'un livre, sur leur recto.
Format : dimension des livres, à l'origine d'après le pliage des feuilles utilisées pour les fabriquer, de nos jours en fonction de leur taille. On distingue notamment les formats in-12, in-8° (ou in-octavo), in-4° (ou in-quarto) et in-folio.
Forme : cadre de bois muni d'un treillis servant à la fabrication traditionnelle du papier.
Frontispice : gravure précédant la page de titre d'un livre.
Galée : plateau métallique où sont placées les lignes de plomb au fur et à mesure de leur composition.
Gardes : premières et dernières pages d'un livre, non imprimées.
Glose : commentaire accompagnant le texte.
Glossaire : liste explicative des termes relatifs à une activité donnée.
Gothique : type d'écriture et de caractères d'imprimerie aux formes anguleuses.
Gouttière : dans le livre, côté opposé au dos.
Héliogravure : procédé photomécanique de reproduction en creux.
Heures (livres d') : livres de dévotion personnelle, manuscrits ou imprimés, souvent richement enluminés.
Hollande : papier épais utilisé pour les tirages de luxe.
Hors-texte : illustration insérée dans un livre mais non comprise dans la pagination.
Imposition : ordre dans lequel doivent être disposées les pages à imprimer ou, de nos jours, les films de gravure sur les plaques d'impression.
Imprimatur : mention reproduisant l'autorisation d'imprimée un livre délivrée par les autorités ecclésiastiques.
Incipit : formule contenant les premiers mots d'un livre sans page de titre.
Incunable : livre imprimé avant 1501.
Index : 1) liste des ouvrages dont la lecture est interdite par les autorités ecclésiastiques.
2) table alphabétique placée à la fin d'un livre.
Initiale : lettre majuscule commençant un texte ou un chapitre.
ISBN (International Standard Book Number) : système de numérotation internationale permettant d'identifier chaque ouvrage, et reproduit à la fin de chaque ouvrage.
Italique : caractère d'imprimerie penché vers la droite et imitant l'écriture cursive.
Japon : papier à base d'écorce de mûrier utilisé pour les tirages de luxe.
Jaquette : couverture mobile d'un livre.
Jésus : format de papier de grande dimension.

Justification : en imprimerie, longueur adoptée pour les lignes d'un livre.
Keepsake : à l'époque romantique, album orné de gravures qu'on offrait en cadeau.
Lettrine : lettre majuscule ornée.
Liminaires (pièces) : ensemble des textes précédant l'ouvrage proprement dit : page de titre, lettre, avertissement, dédicace, etc.
Linotype : composeuse fondeuse fondant des lignes entières, mise au point par Mergenthaler en 1887.
Lithographie : système d'impression d'illustrations préalablement dessinées sur une pierre.
Livraison : cahier d'un ouvrage dont la publication est étalée dans le temps.
Main : unité de compte du papier, correspondant à 25 feuilles, soit un vingtième de rame.
Manchette : dans le livre manuscrit et des débuts de l'imprimerie, dessin d'une main ou d'un bras signalant un passage important.
Marbre : dans l'ancienne presse, table de pierre sur laquelle est posée la forme.
Marbré (papier) : papier auquel ses diverses teintes donnent l'aspect du marbre.
Maroquin : peau de chèvre utilisée en reliure.
Marque typographique : vignette parfois assortie d'une devise placée par l'imprimeur-éditeur.
Mastic : erreur de composition consistant à l'interversion de lettres, de mots ou de paragraphes.
Miniature : dans le livre médiéval, petites peintures finement exécutées.
Monotype : composeuse fondeuse fondant les lettres une par une.
Mors : en reliure, parties du livre formant charnière entre le dos et les plats.
Mosaïquée (reliure) : se dit d'une reliure composée de peaux de différentes couleurs.
Nain : livre de petit format.
Nerfs : en reliure, ficelles sur laquelle est pratiquée la cousure.
Œil : partie en relief du caractère typographique.
Office : envoi régulier et systématique de livres par l'éditeur au libraire.
Offset : procédé de reproduction photomécanique.
Onciale : large écriture en capitales dérivée de l'écriture romaine.
Originale (édition) : première édition d'un ouvrage imprimé.
Page de titre : page portant le titre du livre, le nom de l'auteur, le nom et l'adresse de l'éditeur et la date d'édition.
Palimpseste : parchemin réutilisé après grattage du texte précédent.
PAO : publication assistée par ordinateur.
Papyrus : roseau utilisé, après préparation, comme support d'écriture dans l'Antiquité et au Moyen Age.
Parchemin : peau de bête (mouton, chèvre, veau…) spécialement préparée pour servir de support d'écriture.
Photocomposition : procédé de composition sur film photographique.
Photogravure : ensemble des procédés photomécaniques de reproduction.
Pied-de-mouche : signe de ponctuation du livre manuscrit, servant à séparer les paragraphes.
Pilon : machine servant à détruire les stocks de livres invendus.
Placard : texte imprimé d'un seul côté de la feuille, pour correction.
Plats : chacun des deux côtés de la reliure d'un livre (plat supérieur, plat inférieur).
Point : unité de mesure typographique.
Pointe sèche : procédé de gravure sur cuivre, au moyen d'une pointe métallique.
Police (imprimerie) : ensemble des caractères typographiques contenus dans une casse.
Postface : rajout ou commentaire placé en fin de livre.
Préface : Texte de présentation placé au début d'un livre.
Presse (un coup, à bras, à cylindre) : machine à imprimer.
Princeps (édition) : première édition imprimée d'un auteur.
Privilège : sous l'Ancien Régime, autorisation d'imprimer délivrée par les autorités.
Prote : chef d'atelier d'imprimerie.
Quadrichromie : procédé de reproduction en couleurs à partir de quatre couleurs de base.
Queue : partie inférieure d'un livre.
Raisin : format de papier.
Rame : réunion de 20 mains de 25 feuilles de papier.
Réclame : Mot placé au-dessous de la dernière ligne d'une page, et qui débute la page suivante, servant de repère au relieur.
Reliure (d'éditeur, industrielle) : action de coudre, d'assembler les cahiers d'un livre, de les fixer sous une couverture ; la couverture elle-même.
Romain : caractère d'imprimerie inventé au XVe siècle et qui a succédé au caractère gothique.
Rotative : machine à imprimer utilisant des cylindres de pression.
Rubrique : dans un livre manuscrit, titre écrit dans une encre de couleur, souvent rouge.
Scriptorium : dans le monastère médiéval, atelier de copie et de décoration des livres.
Signature : lettre ou signe placé en bas de la première page d'un cahier pour indiquer au relieur leur ordre de succession.
Similigravure : procédé photomécanique de reproduction.
Souscription : engagement pris avant la publication d'acheter un ouvrage.

Spécimen : exemplaire d'un livre offert gracieusement.
Stéréotypie : procédé consistant à prendre un moulage de la page typographique en vue d'une réimpression.
Taille-douce : terme désignant les procédés de gravure en creux sur métal.
Tête : partie supérieure d'un livre.
Tête (tirage de) : premiers exemplaires d'un ouvrage, en général tirés sur beau papier, recherchés par les bibliophiles.
Tirage : nombre d'exemplaires d'un ouvrage imprimés en une fois.
Tiré à part : impression séparée d'une partie d'un ouvrage ou d'un périodique.
Titre courant : rappel en haut de chaque page du titre d'un livre ou du chapitre en cours.
Tome : division d'un livre en fonction de son contenu.
Tranche : les trois côtés ouvrants d'un livre, tête, queue et gouttière (opposée au dos).
Tranchefile : broderie décorant les extrémités du livre, en tête et en queue du dos.
Trichromie : procédé de reproduction en couleurs à partir de trois couleurs de base.
Tympan : élément de la presse à bras.
Typon : en imprimerie, synonyme de film.
Vélin : peau de veau utilisée pour les manuscrits de luxe et pour quelques incunables. Papier de qualité destiné aux tirages de luxe.
Vignette : élément de la décoration du livre qui avait à l'origine la forme d'une petite feuille de vigne.
Volume : réunion d'un certain nombre de cahiers brochés ensemble.
Volumen : mot latin signifiant rouleau, forme traditionnelle du livre antique.
Xylographie : gravure sur bois aux XIVe et XVe siècles.

BIBLIOGRAPHIE

- Adhémar, J., et Seguin, J. P., *Le Livre romantique*, Editions du Chêne, 1968.
- Assouline, P., *Gaston Gallimard*, Balland, 1984.
- Barbier, F., et Bertho Lavenir, C., *Histoire des médias de Diderot à Internet*, Armand Colin, 1996.
- Barnett, G. K., *Histoire des bibliothèques publiques en France de la Révolution à 1939*, Promodis, Editions du Cercle de la Librairie, 1987.
- Blanchard, G., *La Bande dessinée*, Verviers, Marabout, 1975.
- Bothorel, J., *Bernard Grasset, vie et passions d'un éditeur*, Grasset, 1989.
- Bouvaist, J.-M., *Pratiques et métiers de l'édition*, Editions du Cercle de la Librairie, 1991.
- Chartier, A. M., et Hébrard, J., *Discours sur la lecture (1880-1980)*, Bibliothèque publique d'information, 1989.
- Chartier, R., *Le Livre en révolutions*, Textuel, 1997.
- *Le Commerce de la librairie en France au XIXe siècle. 1789-1914* (dir. J.-Y. Mollier), IMEC Editions, Editions de la Maison des sciences de l'homme, 1997.
- Establet, R., et Felouzis, G., *Livre ou télévision : concurrence ou interaction ?*, PUF, 1992.
- Felkay, N., *Balzac et ses éditeurs, 1822-1837. Essai sur la librairie romantique*, Promodis-Cercle de la librairie, 1987.
- *Grand atlas des littératures*, Encyclopaedia universalis, 1980.
- «Hetzel», numéro spécial de la revue *Europe*, 1980, n°s 619-620.
- *Histoire de la lecture dans le monde occidental* (dir. G. Cavallo et R. Chartier), Le Seuil, 1997.
- *Histoire de la lecture : un bilan des recherches*. Actes du colloque des 29 et 30 janvier 1993 (dir. R. Chartier). IMEC Editions, Editions de la Maison des sciences de l'homme, 1995.
- *Histoire de l'édition française* (dir. H. J. Martin et R. Chartier), Promodis, 1982-1986, 4 vol.
- Laffont, R., *Editeur*, Robert Laffont, 1974.
- *L'Edition française depuis 1945* (dir. P. Fouché), Editions du Cercle de la Librairie, 1998.
- *Le Livre*, catalogue d'exposition, Bibliothèque nationale, 1972.
- *Le Livre dans la vie quotidienne*, catalogue d'exposition, Bibliothèque nationale, 1985.
- Lyons, M., *Le Triomphe du livre*, Promodis-Cercle de la librairie, 1987.
- *Livres d'art. Histoire et techniques* (dir. A. Israël), Lausanne, Bibliothèque cantonale et universitaire. Paris, Editions des catalogues raisonnés, 1994.
- Malavieille, S., *Reliures et cartonnages d'éditeurs en France au XIXe siècle (1815-1865)*, Promodis, 1985.
- Mistler, J., *Hachette, 150 ans d'édition*, 1977.
- Mistler, J., *La Librairie Hachette de 1826 à nos jours*, Hachette, 1964.
- Mollier, J.-Y., *L'Argent et les lettres. Histoire du capitalisme d'édition, 1880-1920*, Fayard, 1988.
- Mollier, J.-Y., *Michel et Calmann Lévy ou la naissance de l'édition moderne (1836-1891)*, Calmann Lévy, 1984.
- Musée national de l'éducation, *Rouen, le livre et l'enfant, 1700-1900*, INRP, 1993.
- Néret, J.-A., *Histoire illustrée de la librairie et du livre français des origines à nos jours*, Lamarre, 1953.
- Netz R., *Histoire de la censure dans l'édition*, PUF, coll. «Que sais-je?», 1997.

- Parent, F., *Lire à Paris au temps de Balzac. Les cabinets de lecture à Paris. 1815-1830*, EHESS, 1981.
- Parinet, E., *La Librairie Flammarion 1875-1914*, IMEC Editions, 1992.
- Parménie, A., et Bonnier de la Chapelle, C., *Histoire d'un éditeur et de ses auteurs, P.-J. Hetzel (Stahl)*, Albin Michel, 1953.
- Pichois, Cl., *Auguste Poulet Malassis, l'éditeur de Baudelaire*, Fayard, 1996.
- *La Science pour tous*. Catalogue rédigé sous la direction de B. Béguet, M. Cantor et S. Cantor, «Les Dossiers du musée d'Orsay», n° 52, Editions de la Réunion des musées nationaux, 1994
- Thiesse, A.-M., *Le Roman du quotidien. Lecteurs et lectures populaires à la Belle Epoque*, Le Chemin vert, 1984.

TABLE DES ILLUSTRATIONS

COUVERTURE

1er plat Maquette de livre.
Dos Un lecteur, ombre chinoise, vers 1820.
2e plat Vue d'ensemble du Salon du Livre, Paris 1997.

OUVERTURE

2 Les frises des pages d'ouverture sont réalisées pour la plupart avec des couvertures reproduites dans le livre.
3-4 Fureur de lire, oct. 1990.
5-6 Lecture dans une bibliothèque municipale, Paris.
7-8 Salle de lecture de la Réserve des Livres rares, Paris, Bibliothèque nationale de France (BnF), site Richelieu.
9-10 Lecture au parc.
11 Feuilleter un livre, photo prise lors de la 12e Fête du Livre de Bron (Rhône), avr. 1998.

CHAPITRE I

12 Paul Baudouin, *Le Livre ouvert à tous*, 1894, fresque. Rouen, bibl. municipale.
13 *L'Imprimerie typographique*, plaquette de l'imprimerie Lemercier, v. 1850, détail.
14 «Etat manuscrit des imprimeurs, marchands d'estampes, colporteurs de livres [...] dressé par la ville de Versailles», s. d., Versailles, Archives dép. des Yvelines.
14-15 Groupe d'écoliers, chromolithographie, v. 1880.
15 *Ecole d'enseignement mutuel*, image d'Epinal, XIXe s.
16-17 *Le Véritable Croquemitaine*, image d'Epinal, édition Pellerin & Cie. Coll. O. Zim.
16m *Le Colporteur*, vignette d'imprimerie, fin du XIXe s. Paris, Bibliothèque des Arts décoratifs.
16b Estampille bleue de colportage, début XIXe s., Moselle.
17m *Le Solitaire des Ardennes, anecdote intéressante*, Caen, 1821. Coll. part.
18-19 Bibliothèque publique à La Villette, gravure du *Journal illustré*, 2 juil. 1875.
19h La une du *Lecteur*, Montbéliard, 1863. Coll. part.
19b Rapport de l'Assemblée générale de la Société Franklin, 1886, publié dans le *Journal des bibliothèques populaires*.
20h Presse mécanique à vapeur, dessin de Jean-Charles Develly, 1831. Coll. part.
20-21 Machine à fabriquer le papier en continu, in Paul Poiré, *La France industrielle*, Paris, 1873.
22hg *Hamlet et Laërte dans la fosse d'Ophélie*, pierre lithographique. Paris, Musée Eugène-Delacroix.
22hd *Hamlet et Laërte dans la fosse d'Ophélie*, litho d'Eugène Delacroix, 1843. BnF, cabinet des Estampes.
22b Presse lithographique de l'imprimerie Paul Dupont, in *Les Grandes Usines de France*, 1860.
22-23 La une du *Charivari*, première année, 1832.
23 *Les Français peints par eux-mêmes*, Paris, 1841, frontispice du tome 1. Versailles, bibl. municipale.
24-25 Taylor et Nodier, *Voyages pittoresques et romantiques dans l'ancienne France*, Paris, 1845, la Bretagne, t. 1, litho de Cicéri. Idem. 26h *Le Petit Poucet*, conte de Ch. Perrault, Paris, J. Hetzel, 1862, gravure de G. Doré.
26b *Paris-Londres, Keepsake français*, 1842. *Nouvelles inédites...* Paris, H.-L. Delloye, 1842, page de titre gravée sur acier. BnF, Réserve des Livres rares.
27 *La Fée*, conte de Ch. Perrault, Paris, Hetzel, 1862, gravure de G. Doré.
28 Temple d'Abou-Simbel, calotype de M. Du Camp pour *Voyage en Egypte*, Paris, 1852. BnF, cabinet des Estampes.
29 F. B. Duchenne de Boulogne, *Mécanisme de la physionomie humaine*, Paris, 1876, page de titre et planche. Paris, bibl. de l'Ancienne Faculté de médecine.
30 *Histoire des quatre fils Aymon...*, illustrée de composition en couleurs par Eugène Grasset, gravure et impression de Charles Gillot. Paris, Henri Launette, 1883. BnF, Réserve des Livres rares.
31h *Auguste et Thérèse ou le retour à la foi*, par Mme Tarbé des Sablons, Tours, Mame, 1846, couverture, cartonnage au papier gaufré et chromolitho. Coll. part.
31b Reliures décorées, 1840-1850. Coll. part.
32 Paul Baudouin, *L'Imprimerie Cagniard*, 1894, fresque. Rouen, bibl. municipale.
33m Modèle d'insertion pour les livrets Chaix. BnF, cabinet des Estampes.

TABLE DES ILLUSTRATIONS 153

33b *Napoléon Chaix*, portrait par Court, 1864. Coll. part.

CHAPITRE II

34 Renduel, portrait gravé, XIXe s. BnF, cabinet des Estampes.
35 «L'Editeur», vignette gravée, in *Les Français peints par eux-mêmes*, Paris, 1839-1842.
36 La Librairie française, caricature de Cham.
37h Brillat Savarin, *Physiologie du goût*, Paris, 1826 et 1838. Versailles, bibl. municipale.
37b Gervais Charpentier, portrait gravé. BnF, cabinet des Estampes.
38hg Acte de Société entre M. Marpon et M. Flammarion, 24 juin 1875. Paris, Archives de l'Institut de Mémoire de l'Edition Contemporaine (IMEC), fonds Flammarion.
38hd Ernest Flammarion, photo. *Idem.*
38b *Edouard Privat et sa famille*, peinture anonyme, v. 1850-1860. Coll. part., par aimable autorisation des Editions Privat, Toulouse.
39 La librairie Dentu à Palais Royal, gravure, 1850-1870. Musée Carnavalet.
40h Brevet d'imprimeur, le 16 juillet 1818, Briey (Moselle). Versailles, Archives départales des Yvelines.
40m Jean-Nicolas Barba, portrait gravé, XIXe s. BnF, cabinet des Estampes.
41m Ch. Baudelaire, *Les Fleurs du Mal*, 1857, dédicace de l'auteur à Paul de Saint-Victor. Coll. part.
41b Paul Auguste Poulet Malassis, portrait gravé. BnF, cabinet des Estampes.
42h Contrat d'édition pour *La Comédie humaine* de Balzac, le 2 oct. 1841. Paris, bibl. de l'Institut, Fonds Lovenjoul.
42b Ecrivain romantique dans sa mansarde, gravure de Valentin, 1851.
43h Henri Murger, *La Vie de bohème*, illustration d'André Gill, Librairie illustrée, Calmann Lévy. Coll. O. Zim.
43b Elisée Reclus, *Nouvelle Géographie universelle*, Paris, Hachette, 1876, page de titre. Versailles, bibl. municipale.
44h Alexandre Dumas, caricature par André Gill in *La Lune*, 2 déc. 1866. *Idem.*
44b Paul Saulnière, *Flambergé*, affiche publicitaire pour le feuilleton paraissant dans *Le Radical*, v. 1890. BnF, cabinet des Estampes.
44-45 Cuisinière lisant le feuilleton du *Constitutionnel*, caricature par Henri Monnier, v. 1850.
45 La une du *National*, 1834, publiant en feuilleton le roman *Mademoiselle Irnois* de J. A. de Gobineau.
46h Rocambole, caricature par André Gill in *La Lune*, 26 août 1866. Versailles, bibl. municipale.
46b La foule devant un kiosque à journaux à la sortie de *La Petite Presse*, in *Le Monde illustré*, 1er sept. 1866. *Idem.*
47 *La Bête humaine* d'Emile Zola, affiche de libraire, fin XIXe s. Musée Carnavalet.
48-49 *Les Magasins de la Librairie nouvelle*, gravure d'Edmond Morin. *Idem.*
49hg Titre de la coll. des «Bons Romans», éditée par Michel Lévy, premier numéro. Coll. part.
49hd Michel Lévy en 1873, photographie. BnF, cabinet des Estampes.
50 Publicité accompagnant une livraison, deuxième moitié du XIXe s. *Idem.*
51h Publicité dans *Le Charivari*, v. 1850.
51b Affiche de la Librairie Monnier, 1896. Bibl. des Arts décoratifs.
52g Les librairies de la Galerie de l'Odéon, lithographie.
52d Un bibliophile dans sa boutique, gravure, fin XIXe s.
53h Honoré Champion, libraire et éditeur, entouré de ses enfants, peinture de Eugène Pascau. Musée Carnavalet.
53b Almanach astrologique, 2e moitié du XIXe s. Coll. part.
54 Louis Christophe François Hachette v. 1863, portrait de Nélie Jacquemart. Paris, coll. J.-L. Hachette.
54-55 Sept titres de la collection «Bibliothèque des chemins de fer», Hachette, 1855-1857. Coll. part.
55 Bibliothèque Hachette de la gare de Libourne, photo.

CHAPITRE III

56 *Malbrough s'en va-t-en guerre* de P.-J. Stahl, Bibliothèque et Magasin d'Education et de récréation, Editions Hetzel, 1876, illustration de Lorenz Froelich.
57 «Je sème à tout vent», 1905, illustration de Firmin Bouisset.
58-59 La librairie Hachette v. la fin du siècle, photo.
59h Catalogue de la Librarie Hachette, 1833. Paris, Archives Hachette.
59b G. Bruno, *Le Tour de France par deux enfants*, Hachette, 1914.
60h P. Leyssenne, *Cours d'arithmétique*, Paris, Armand Colin. Coll. part.
60b Eugène Miller, *Chez les oiseaux*, Librairie Delagrave, 1895, livre de prix, 1898. Coll. O. Zim.
61 L. Baclé, *Les Voies ferrées*, Paris, G. Masson, 1882, «Bibliothèque de la nature». Coll. O. Zim.
62 Sophie Rostopchine, comtesse de Ségur, *Les Malheurs de Sophie*, Paris, Hachette, 1864, illustration de Horace Castelli.
63h J. Stahl, *Contes anglais*, J. Hetzel, Bibliothèque d'Education et de Récréation. Coll. O. Zim.
63m Affiche de l'éditeur Hetzel pour les étrennes 1888. Nantes, Musée Jules-Verne.
63b Jules Hetzel, portrait par Nadar. BnF, cabinet des Estampes.
64hg *Mythologie épurée à l'usage des maisons d'éducation pour les deux sexes...* par Mme Emma Morel, Tours, Alfred Mame et fils. Coll. O. Zim.
64hd *Mon évasion des pontons, épisode tiré des neuf années de captivité* de Louis Garneray, Tours, Alfred Mame et fils, 1889. Coll. ALG.
64hd J. J. E. Roy, *Histoire de Bossuet*, Tours, Alfred Mame et fils, 1854.
65hg Prospectus de la collection Bibliothèque

de la Jeunesse chrétienne, Tours, Alfred Mame et fils.
65hd Jean de La Fontaine, *Fables*, couverture illustrée par A. Vimar, Tours, Alfred Mame et fils.
64-65 Les Ateliers des Editions Mame à Tours, gravure, in *L'Exposition universelle illustrée*, 1867.
66 *Nouveau Larousse illustré*, sous la direction de Claude Augé, Larousse, 1898-1907, tome VI, planche des œufs. BnF.
67h Pierre-Athanase Larousse à 40 ans, photo. IMEC, fonds Larousse.
67b Maximilien Paul Emile Littré, caricature.
68h Ernest Renan, *Vie de Jésus*, Paris, Michel Lévy, 1863.
68b Affiche publicitaire de souscription pour une édition illustrée des *Confessions* de J.-J. Rousseau, XIXe s. BnF, cabinet des Estampes.
69 *Le Roman*, peinture de Paul Thomas, publiée in *La Revue illustrée*, 1892.
70 Paul de Kock, photo. Coll. Sirot.
70-71 Georges Ohnet, *La Fille du député*, Paris, Paul Ollendorf, 1906. Coll. O. Zim.
71h Affiche publicitaire pour l'*Histoire de France* de Jules Michelet. BnF, cabinet des Estampes.
71m Jules Michelet, photo. Coll. Sirot.
72 Louis Figuier, *Les Merveilles de la science*, affiche publicitaire. BnF, cabinet des Estampes.
72-73 Collection de volumes de la Bibliothèque des Merveilles, Hachette, 1867-1885, dos et plats de reliure. Coll. part.
73h «Eruptions observées sur le soleil», chromolithographie, in Camille Flammarion, *Astronomie populaire*, Paris, C. Marpon et E. Flammarion Editeurs, 1880. Coll. part.
74 Affiche de l'éditeur J. Hetzel pour les étrennes 1889. Nantes, Musée Jules-Verne.
75hg Jules Verne, *L'Invasion de la mer*, Hetzel, 1905.
75hd Jules Verne, *Voyages extraordinaires, De la terre à la lune, Autour de la lune*, Hetzel, 1865.
75b Contrat de publication entre Jules Verne et Jules Hetzel. Nantes, Musée Jules-Verne.
76h Adolphe Joanne, *Itinéraire de l'Allemagne du Sud*, Hachette, 1888. Bibl. des Arts décoratifs.
76bg *Les 100 000 Recettes de la bonne cuisinière bourgeoise*, Editions Fayard, début XXe s.
76bm *250 nouvelles recettes de cuisine* par M. Sicard, Paris, fin XIXe s.
76bd *Le Trésor de la cuisinière et de la maîtresse de maison*, par A. B. de Périgord, Editions Garnier Frères, v. 1910, illustration Robert Salles.
76-77 Alexandre François Heksch, *Sur le Danube*, guide illustré, Editions Hartleben 1883. Coll. part.

CHAPITRE IV

78 *Félix Fénéon à la Revue blanche*, peinture de Félix Vallotton. Lausanne, Sammlung Josefowitz.
79 Affiche de Roger Parry pour le prix Goncourt d'André Malraux, *La Condition humaine*, NRF, 1933.
80m Titre de la revue *Littérature*, 1er mars 1919.
80b Titre de *La Nouvelle Revue Française*.
80-81 Une réunion d'écrivains au Mercure de France, photo, in *La Revue illustrée*, 15 avril 1905. BnF.
81 *La Revue blanche*, affiche de Pierre Bonnard, 1894. Bibl. des Arts décoratifs.
82h Une du *Détective*, 1932.
82g Gaston Gallimard en 1928, au Tertre.
82m Siège des Editions NRF, rue Sébastien-Bottin, dans les années 1930.
83 Bernard Grasset, portrait par Jacques-Emile Blanche. Coll. part.
84h Jaquette du premier titre de la «Série Noire», Peter Cheyney, *La Môme vert-de-gris*, 1945. Coll. ALG.
84b *Macao et Cosmage*, illustrations de Edy Legrand, 1919.
85hg Sade, *Œuvres*, «Bibliothèque de la Pléiade», Gallimard.
85hm André Gide, *Isabelle*, NRF, 1911.
85hd Titre de la collection «Les Contemporains vus de près», couverture conçue par André Malraux, 1930.
85b Titre de la collection «Les Peintres nouveaux», dirigée par Roger Allard, 1919-1933.
86 Affiche de Roger Parry pour la publicité de *Le Peseur d'âmes* d'André Maurois. Paris, Mission du Patrimoine photographique.
87 Affiche de Emilio Grau Sala pour le lancement de la collection «La Méridienne», 1949.
88 Affiche publicitaire de Cassandre pour *Champions du monde*, de Paul Morand, Grasset.
89g et 89h Publicités pour la sortie de *Maria Chapdelaine* de Louis Hémon. Paris, Editions Grasset/Archives.
89d Trois plans du «clip» publicitaire réalisé pour le lancement du *Diable au corps* de Raymond Radiguet, avr. 1924.
90 Brochure du Prix Vie heureuse, Hachette, 1904.
90-91 Un jury Goncourt dans les années 1930.
91h Marcel Proust.
92h Maurice Leblanc, *Les Confidences d'Arsène Lupin*, couverture de Léo Fontan (1884-1965), Editions Pierre Laffitte, 1914. Coll. part.
92b *Le Masque*, dessin de Maximilien Vox pour la couverture de la série du même nom, créée par Albert Pigasse en 1925.
93g Gaston Leroux, *Le Mystère de la chambre jaune*, Editions Pierre Laffitte, 1920. Coll. part.
93d H.-G. Wells, *L'Homme invisible*, illustration de couverture par Louis Strimpl, Calmann Lévy, 1931.
94 Jean de Brunhoff, *Histoire de Babar*, 1931. Paris, Bibliothèque de l'Heure Joyeuse, © Hachette Jeunesse 1998.
94-95 *Zig et Puce*, bande dessinée d'Alain Saint-Ogan, France-Soir, v. 1930. Bibl. des Arts décoratifs © Editions Glénat 1998.
94b Titres de la collection *Les Albums du Père*

TABLE DES ILLUSTRATIONS 155

Castor, Flammarion, v. 1940. Coll. ALG.
95b Enfants devant une librairie, Paris, boulevard Saint-Michel, v. 1935.
96 Titres de la collection «Select Collection», Flammarion, v. 1920. Coll. part.
97 L. Brossolette et M. Ozouf, *Mon premier livre d'histoire*, Paris, Editions Delagrave, 1937, illustrations René Giffey.
98h Machine à composer à la Linotype, v. 1930, Berlin.
98m Schéma de fonctionnement d'une Linotype.
99 Machine Lambert pour l'impression en couleurs, Créteil, Imprimerie Creté, début du siècle.
100hg Max Jacob, *Dos d'Arlequin*, Paris, Sagittaire, 1921, reliure de P.-L. Martin. Coll. part.
100mg Maurice Denis, *Carnets de voyage en Italie*, 1922, reliure de Pierre Legrain, décor mosaïqué, fers dorés et à froid. Coll part.
100bg Colette, *La Treille muscate*, reliure de Paul Bonet, 1942. Coll. part.
100-101h Colette, *L'Envers du music-hall*, 1929, reliure de Rose Adler, mosaïque de maroquin et de box, filets or et argent. Paris, Bibl. Doucet.
100-101b Bl. Cendrars, *La Fin du monde filmé par l'Ange Notre-Dame*, compositions de Fernand Léger, Paris, Editions de la Sirène, 1919. *Idem*.
101bd Apollinaire, *Calligrammes*, reliure de Rose Adler, 1921, veau mosaïqué, filets argents.

Idem.
102h Blaise Cendrars, *La Fin du monde... op. cit.*, composition de Fernand Léger. *Idem*.
102b Joán Miró, Fernand Léger, *Parler seul*, Paris, Editions Maeght, 1948.
103h Maurice Denis, *Carnets de voyage en Italie*, texte et illustrations de Maurice Denis, Paris, 1925.
103m André Gide, *Les Nourritures terrestres*, illustrations de Raoul Dufy, Le Rayon d'or, 1950. Coll. part.
103b Pierre Mac Orlan, *Sous la lumière froide*, illustrations de Jean Mohler, Editions de la Nouvelle France, 1943. Coll. part.
104 Gustave Le Bon.
104-105 Charles Dickens, *David Copperfield*, Hachette, Bibliothèque verte, jaquette. Coll. ALG.
105m Daniel Halévy.
105b Louis Roubaud, *Les Enfants de Caïn*, Librairie Grasset, collection «Les Cahiers Verts» dessinée par M. Vox. Coll. part.
106h Jean Bruller dit Vercors, *Le Silence de la mer*, 1947.
106b Messageries Hachette v. 1940, photo de René Jacques. Paris, Mission du Patrimoine photographique.
107h Titre du journal *Résistance*, le 4 déc. 1945.
107b Retour d'Allemagne des écrivains français, nov. 1941.

CHAPITRE V

108 Illustration de Jean Lecointre, Paris, 1998
109 Affiche pour un Salon du livre de la

Jeunesse, 1980-1985. Coll. part.
110h Vignettes de l'album de Lucky Luke, *Les Dalton se rachètent*. Coll. part.
© Morris/Lucky Luke licensing SA.
110b Hergé, *Les Aventures de Tintin, L'Affaire Tournesol*.
© Hergé/Moulinsart 1998, Bruxelles.
111h Service des ventes des Editions Flammarion, v. 1950.
111b René Goscinny, Albert Uderzo, *Astérix le Gaulois*, 1961, détail de la couverture
© Editions Albert René.
112g Couverture du premier «Que sais-je», Presses Universitaires de France, 1941. Coll. part.
112d Stand des PUF, Salon du Livre, 1991.
112b A. J. Cronin, *Les Clés du royaume*, Le Livre de Poche, Hachette, 1953. Coll. part.
113hg R. Queneau, *Zazie dans le métro*, «Folio», Editions Gallimard, 1962.
113hd Guy des Cars, *L'Habitude d'amour*, «J'ai lu», Flammarion, 1966. Coll. part.
113bg Jimmy Guieu, *Opération Aphrodite*, série «Anticipation», Editions Fleuve noir. Coll. ALG.
113bd Epictète, *Manuel*, 1995; Cervantès, *L'Amant généreux*, 1993; O. Wilde, *Aphorismes*, 1995; titres des éditions Les Mille et Une Nuits.
114b *Robert Laffont, éditeur, un homme et son métier*, Paris, Laffont, 1974. Coll. part.
114-115 Jean-Paul Sartre et Simone de Beauvoir à

la Coupole.
115b Françoise Sagan et Pierre Flourens, signature de *Bonjour Tristesse*, 1958.
116h Siège des Presses de la Cité, Paris.
116-117 Centre de distribution Hachette à Maurepas.
117 Stock de papier dans une imprimerie.
118h René Char, *Traverse*, Alès, Editions PAB, 1951. Coll. part.
118bg Patrick Romedenne, *... et un et deux et trois zéro...* Michel Lafon, 1998.
118bd Mary Higgins Clark, *Tu m'appartiens*, Albin Michel, 1998.
119 Un magasin Fnac en 1984.
120 *Paris-Moscou, Paris-Paris, Paris-Berlin*, catalogues d'exposition, Editions Centre Georges-Pompidou/Gallimard.
121m Dixie Browning, *Etrange locataire*, 1995, coll. «Rouge passion»; Rosemary Hammond, *Quelques instants d'égarement*, 1993, coll. «Azur»; Lynn Erickson, *Voyage vers l'inconnu*, 1995, coll. «Or»; titres des Editions Harlequin.
121b Foire de Francfort, 1985.
122 *Hiroshige : paysages célèbres dans 60 provinces du Japon*, Paris, Hazan, 1998.
123h Alan Tapié, *Le Sens caché des fleurs*, Adam Biro, 1997.
123b *L'Art italien...*, sous la direction de Philippe Morel, Daniel Arasse, Mario d'Onofrio, Paris, Citadelles & Mazenod, 1997.
124g Affiche du film de J.-P. Rappeneau, *Le*

Hussard sur le toit, 1996.
124-125 Librairie Le Furet du Nord, Lille, 1992.
125h Plateau de l'émission télévisée «Apostrophes», 1984.
126h Le Robert électronique, février 1990.
126b Claude Gubler, *Le Grand Secret*, diffusé sur le site Internet de Pascal Barbrand, Besançon, janvier 1996.
127 Une lectrice.
128 Photo de Robert Doisneau.

TÉMOIGNAGES ET DOCUMENTS

129 «Dévorez des livres», affiche d'une campagne promotionnelle du ministère de la Culture, vers 1950.
130 *Chez Alphonse Lemerre, à Ville-d'Avray*, peinture de Paul Chabas, 1895.
133 Ernest Flammarion, photographie.
134 Adrienne Monnier dans sa librairie.
136 La librairie Shakespeare and Company, Paris.
138 Stéphane Mallarmé, *Un coup de dés jamais n'abolira le hasard*, poème, Editions Gallimard, 1914.
139 Apollinaire, *Calligrammes*, Editions Gallimard, 1918.
140 Edmond et Jules Goncourt, photographie.
141 Un jeune lecteur dans une bibliothèque d'Argenteuil, 1993.

INDEX

A

A l'ombre des jeunes filles en fleur 91.
A l'Ouest rien de nouveau 91.
A la manière de… 83.
Adam Biro 123.
Albin Michel 80, 90, 91, 98, 116.
«Albums du Père Castor» 94, *94*.
Allain 92.
Angoulême, festival de la BD 111.
«Apostrophes» 125, *125*.
Aragon, L. 81, 106.
Ardant, Martial 61.
Armand Colin 38, 60, 94, 116.
Arthaud 99.
Assommoir, L' 70.
Astronomie populaire, L' 38, 73, *73*.
Au Sans Pareil 81, 103.
Aubert 50.
Autant en emporte le vent 91.

B

Baillière 73.
Bainville, J. 98.
Balzac, H. de 37, 42, *42*, 44, 45, *45*, 50.
Bande dessinée 94, *94*, 110-111.
Barrès, M. 91, 96.
Batailles de la vie 70.
Baudelaire, C. 40, 41, 70.
Bazin, H. 121.
Beauvoir, S. de 114.
Bécassine 94.
Bel-Ami 69.
Belin 58, 59.
Benoît, P.-A. 118.
Berger Levrault 33, 115.
Bertall 62.
Best-sellers 120.
Bête humaine, La 47.
Bibliothèque bleue 16, 17, 77; - «Camille Flammarion» 105; - «cosmopolite» 91; - «d'éducation et de récréation» 63; - «de la jeunesse chrétienne» 61, 65; - «de la Pléiade» 82; - «de philosophie scientifique» 105, 105; - «des chemins de fer» 54-55, 54, 62; - «des merveilles» 73, 73; - «dramatique» 49; - «morale de la jeunesse» 61; - «portative du voyageur» 111; - «religieuse morale et littéraire» 61; - «rose» 62; - «scientifique internationale» 73; - «verte» 80; - populaires, municipales… 16, 17-19, 18, 19, 119; - de gare 54-55, *54-55*.
Bonjour tristesse 114, 115.
Bonnard, P. 81.
«Bons Romans» 49.
Booker Prize 121.
«Bouquins» 114.
Bourget, P. 96.
Brasillach, R. 107.
Breton, A. 81.
Brière, La 89.
Brunhoff, J. et L. de 94, 95.
Bruno, G. 58.
Burroughs, R.E. 93.
Bussière 99.

C

«Cabinet cosmopolite» 91.
Cabinets de lecture 36, *36*, 39.
Cahiers de la Quinzaine 81, 83.
«Cahiers verts» 88, 104, 105.
Calmann-Lévy 38, 49, 80, 96, 96, 107, 116.
Carnets de voyage en Italie 103.
Casterman 110.
CD-Rom 127, 127.
Céline, L.-F. 107.
Censure, contrôle de l'édition, 40-42, *40*, 106-107.
CEP Communication 116.
Cercle de la librairie 38-39.
Chaix 33, *33*.
Chambre syndicale des libraires de France 54.
Champion, H. 53.
Charivari, Le 22, 23.
Charles Gosselin 70.
Charpentier, G. 36, 37, 69, 80, 89.
Chateaubriand, A. de 89.
Chêne, Ed. du 114.
Christophe 60.
Cinq Semaines en ballon 73.
Citadelles Mazenod 123.
Claudel, P. 81, 91.
Cocteau, J. 88.
«Collection Blanche» 82.
«Collection Michel Lévy» 47.
«Collection Pourpre» 112.
Colportage, colporteur 14, 16-17, *16-17*, 18, 49.
Comédie humaine, La 42.
Comité de lecture 105.
Comité des travaux historiques et scientifiques 71.
Conan Doyle, A. 92.
Concentration 114-116.
Constitutionnel, Le 44, *44*.
Contes du chat perché 93.
Contrats d'édition 42-43, *42*, *43*.
Copeau, J. 81.
Couverture 31-32, *31*, 104, *104*.
Crété 33, 99.
Cronin 112.
Cuisinière bourgeoise 76.
Curmer, L. 23, 30, 35.

D

Dalloz 38.
Dargaud 110.
Daudet, A. 38.
Daumier 23.
Décombres, Les 107.
Delacroix, E. 23, *23*, 25.

INDEX 157

Delagrave 38, 60, 97.
Delly 97.
Denis, M. 103.
Denoël 90, 107, 107, 115.
Dépée 33.
Deschamps, L. 80.
Détective 82, 83.
Diable au corps, Le 89, *89.*
Dictionnaire encyclopédique des sciences médicales 60.
Dictionnaires 67, *67.*
Directeur de collection 105, *105.*
Direction de l'imprimerie et de la librairie 40, *40.*
Distribution de prix 60, *60.*
«10/18» 113.
Doin 73.
Doré, G. 26, 27, *27.*
Dorgelès 91.
Drieu La Rochelle, H. 107, *107.*
«Du monde entier» 91.
Dufy, R. 103.
Dumas, A. 44, 46.
Dunod 38.
Dupuis 110.
Duruy, V. 14.
Dutacq 44.

E

Ecole des Chartes 71.
Charton, E. 73.
Egypte, Nubie, Palestine et Syrie 29.
Eluard, P. 106.
Encyclopédie Roret 67;
- théologique 67.
Encyclopédies 67, 127.
Excelsior 92.

F

Fables, Les 65.
Facéties du Sapeur Camember, Les 60, 94.
Falloux, loi 14.
Famille Fenouillard, La 60, 94.
Fasquelle 80, 106, 116.
Faucher, P. 94, *94.*
Faust 23, 25.
Fayard 38, 95, 96, 97, 98, 104, 116.
Fédération française des travailleurs du livre (FFTL) 33, 99; - des typographes 33.
Fénelon 68.
Fénéon, F. 79, 81.
Ferenczi, T. 97, 107.
Ferry, J. 14, 60.
Feuilleton 16, 36, *36,* 41, 43, 43, 44-45, *44,* 45, 46, *46,* 47, 50, 51, 70.
Féval, P. 39.
Figuier, L. 72.
Fin du monde filmée par l'Ange Notre-Dame, La 103.
Firmin Didot 19, 38, 60, 99.
Flammarion 38, *38,* 39, 73, 89, 94, *94,* 96, *96,* 105, *105,* 111, 113, 116.
Flammarion, C. 38, 72, 73, *73,* 105.
Flaubert, G. 29, 41, 47.
Fleurs du mal, Les 41, *41,* 70.
Florian 68.
FNAC 119, *119.*
Foire internationale
- de Bologne (livre de jeunesse) 121;
- de Francfort 121, *121.*
«Folio» 113.
Fonvielle, W. 72.
Fournier et Fils 111.
France Loisirs 119.
Français peints par eux-mêmes, Les 23, 30, 35, 47.

G

Gaboriau, E. 39, 92.
Gallimard, Editions 83, 89, 90, 91, *91,* 106, 113, 114, 115, 116.
Gallimard, G. 81-83, 82, 85, 88, 105.
Garnier 38, 39.
«Garnier-Flammarion» 113.
Gavarni 23, *23,* 30.
Gide, A. 81, 85, 91, 103.
Gill, A. 43, 44, 46.
Gillot, C. *30.*
Girardin, E. de 44.
Giraudoux, J. 83, *83,* 88.
Glénat 110.
Gobineau, E. 45, 46.
Goscinny, R. 110, 121.
Grand Livre du mois, Le 119.
Grand Secret, Le 126.
Grandville 23, *23,* 27.
Grasset 83, *83,* 88-89, *88, 89,* 90, 91, 93, 104, *104,* 105, 116, 121.
Grasset, Bernard 107.
Gravure sur acier 26;
- sur bois 23, 26-27, *26,* 30, 58, 97.
Grévin 99.
Groupe de la Cité 116.
Gubler, Dr 126.
Guéhenno, J. 107.
Guides Baedeker 77, 77;
- «bleus» 77;
Guillemin, A. 72.

H - I

Hachette 38, 39, 43, 47, 54-55, *54,* 58, *58,* 59, 60, 62, 63, 63, *63,* 73, *73,* 77, 80, 93, 106, 112, 113, 114, 116, *116,* 117.
Halévy, D. 105.
«Harlequin» 121, 124.
Harmattan, L' 116.
Hatier 38.
Hazan 123.
Héliogravure 29, 99.
Hergé 110.
Hérissey 99.
Hetzel, P.-L. 32, 40, 43, 57, 62, 63, 63, *63,* 73, *73,* 75, 80.
Histoire d'une bouchée de pain, L' 63;
Histoire de Babar le petit éléphant 94.
Histoire, littérature historique 71, *71.*
Houssaye, A. 39.
Hugo, V. 36, 37, 40, 70.
Humanoïdes associés 110.
Hussard sur le toit, Le 125.
Huxley, A. 92,
Illustration, L' 27, 77.
Illustre Gaudissart, L' 52.
Instruction obligatoire 14, *14,* 15, 58.

J - K

«J'ai lu» 113.
Jarry, A. 81.
Joanne, A. 77, *77.*
Johannot, T. 23, 27.
Journal d'une femme de chambre, Le 81.
Journal pour tous 58.
Juif errant, Le 44.
Julliard 114, 115, 116.
Kahnweiler, H. 103.
Keepsakes 26, *26.*
Kock, P. de 70, *70.*
Koenigsmark 112.

L

«L'Empreinte» 92.
«L'Evolution de l'humanité» 98.
La Fontaine 65, 68.
Ladvocat, C. 39.
Laffont 114, 115, 116.
Laffitte, P. 92.
Lamartine, A. de 70.
Lang, J. 119.
Larive et Fleury 60, 97.
Larousse 38, 57, 67, *67,* 93, 98.
Larousse illustré 67, *67.*
Le Bon, G. 105, *105.*
«Le Livre de demain» 97.
«Le Livre moderne illustré» 97.
Le Temps 88.
Leblanc, M. 92, *92.*
«Lectures pour tous» 125.
Légende des siècles, La 70.
Léger, F. 103.
Lemerre, A. 23, 53, 69, 130.
Leroux, G. 92, *92.*
Lescure, P. 106.
Lévy, M. 41, 43, 46-47, 49, 68, *68.*
Libération 107.
Librairie 16, 36, *36,* 39, *39,* 40, 46, 52, 53, 118;
- Dentu 39;
- générale française 112.;
- nouvelle 47, 49.
Lindon, J. 119.
Linotypie 98, 99.
Liste Otto 106.
Lithographie 22-23, *22, 23,* 25, 31, *31,* 50.
Littérature policière 92, *92,* 93.

158 ANNEXES

Littré 67, *67.*
«Livre de poche» 112, *112.*
Loti, P. 80,

M

Mac Orlan, P. 103.
Macé, J. 63.
Madame Bovary 41, 47.
Mademoiselle Irnois 45.
Maeght, A. 103.
Magasin d'éducation et de récréation 63, *63.*
Magasin pittoresque, Le 26.
Maître de forges, Le 70.
«Maîtres de la littérature étrangère» 91.
Malet et Isaac 97.
Malheurs de Sophie, Les 62, *62.*
Mallarmé, S. 103.
Malraux, A. 88.
Mame 33, 61, 65, 68, 93.
Maria Chapdelaine 88, *88,* 89, 105.
Marpon, C. 38.
Martin du Gard, R. 91.
«Le Masque» 92, 93, 104.
Masson 38, 39, 60, 61, 73, 116.
Maupassant, G. de 69.
Mauriac, F. 83, 88, 106.
Mémoires d'un âne, Les 62.
Mercure de France 81, 115.
Merveilles de la science 72.
Messageries Hachette 106, 113.
Michelet, J. 71, *71.*
Migne, abbé 67.
Mille et Une Nuits, Les éditions 113.
Minuit, Editions de 114, 106.
Mirbeau, O. 81.
Miró, J. 103.
Mitchell, M. 91.
«Modern Bibliothèque» 95.
Moine, Le 69.
Molière 68.
Mon évasion des pontons 65.
Monde illustré, Le 27.
Monotypie 99.
Montépin, X. de 46.
Montherlant, H. de 88.

Morand, P. 88, *88,* 89, 91.
Moréas, J. 80.
Morisot, B. 103.
Morris 110.
Mounette (H. Rigal) 83.
Multimédia 126-127.
Murger, Henry 43, *43.*
Musset, A. de 37.

N - O

Natanson 81.
Nathan 38, 107.
National, Le 45.
Nature, La 61.
Nau, John Antoine 80, 90.
Nielsen, S. 116.
Nodier, C. 22, *23.*
Nouveau Dictionnaire de la langue française 67.
Nouveau magasin des enfants 62.
Nouvelle Géographie universelle 43.
Nouvelle Héloïse, La 68.
Nouvelle Revue française (NRF) 80, 81, 82, 85, 91, 105, 107.
Nouvelles littéraires, Les 120.
Offset 99.
Ohnet, G. 70, *70,* 80.
Ollendorf 80.

P

Palais-Royal 39, *39,* 40, 49.
Papeterie d'Essonnes 19.
Papier 19, 31, 32, 36, 47, 106.
Papillon 114.
Paroles d'un croyant 68.
Parry, R. 79.
Paulhan, J. 105.
Paysages de Chine 81.
Paysans, Les 45.
Péguy, C. 81, 83.
Pellerin 17, *17.*
Penguin Books 112.
Perrault, C. 26.
Perrin 116.
«Petite Bibliothèque blanche» 63.
«Petite Bibliothèque Payot» 113.
Petites Filles modèles, Les 62.

Photographie 27-29, *29,* 30.
Photogravure 99.
Physiologie du goût, La 37.
Physiologie du mariage, La 37, 50.
Pieds Nickelés 94.
Pigasse, A. 92, 93.
Plon 91, 116.
Plume, La 80.
«Pluriel» 113.
Poe, E. 92, *92.*
«Points» 113.
Ponson du Terrail, P.-A. 39, 46, *46.*
Poulet-Malassis, A. 41, *41.*
Presse (pour impression) 20-21, *21,* 32.
Presse, La 44, 45, *45.*
«Presse Pocket» 113.
Presses de la Cité 113, 116, *116.*
Presses universitaires de France (PUF) 98, 112.
Privat 38, *38,* 39, 71.
Prix du livre 16, 36, 46-47, 49, 52, 54, 61, 94, 95-97, *96,* 112, 119-120, *119, 120.*
Prix littéraires 80, 83, *83,* 89-90, *90,* 91, 92, 111, 121.
Proust, M. 83, 91, *91.*
Prudhomme, Sully 89.
Publicité 50, *50,* 51, 52, 88-89, 118.

Q - R

«Que sais-je?» 112, *112.*
Quid 114.
Racine 68.
Radiguet, R. *89,* 89.
Rebatet, L. 107.
Récits de voyage 77.
Reclus, E. 43.
Reliure 31, 32, *32,* 101.
Remarque, E. M. 91.
Renan, E. 47, 68, *68.*
Renduel, E. 68, 69.
Revue blanche 79, 80, 81;
- *de l'instruction* 58;
- *de Paris* 41, 80;
- *des Deux Mondes* 80;
- *indépendante* 79.
Revues littéraires 80-81.
Robert, L. N. 19.
Rocambole 46, *46.*

Roman historique 70;
- noir 69; - sentimentaux (roses) 96.
Rousseau, J.-J. 68, 69.

S

Sagan, F. 114, 115.
Saint-Exupéry, A. de 112.
Sainte-Beuve 68.
Salon du livre de jeunesse (Montreuil) 109.
Sand, G. 37, 44.
Sartre, J.-P. 114, *114.*
Scènes de la vie de bohème, 43, 43.
Schlumberger, J. 81.
Science-fiction 92-93, *93.*
Ségur, comtesse de 62, *62.*
«Select Collection» 96, *96,* 105.
Semaine de Suzette, La 94.
Semaine des enfants, La 58.
Senefelder, Aloys 22.
«Série noire» 125.
Seuil 113, 114.
Siècle, Le 44.
Sienkiewicz 81.
Silence de la mer, Le 106.
Simenon, G. 92, 121.
Sirène, La 103.
Société des gens de lettres 42.
Société Franklin 18-19, *19.*
Soulié, F. 44.
Soupault, P. 81.
Souvestre 92.
Stahl, P.-J. 40, voir Hetzel.
Stanhope 20.
Stéréotypie 21, 36.
Stock 91, 116.
Sue, E. 44, *44.*

T - U

Tallandier 106, 111.
Taylor 22, *25.*
Temps modernes, Les 114.
Times 21.
Toulouse-Lautrec, H. de 23.
Tour de la France par deux enfants, Le 58, 59.
Tour du Monde, Le 27.
Traductions 123, 124.

CRÉDITS PHOTOGRAPHIQUES 159

Trois Mousquetaires, Les 44.	Vanier et Savine 80.	Vigny, A. de 37.	Vuibert 38.
Typographie 31, 32.	Vercors 106.	*Vol de nuit* 112.	Vulgarisation scientifique 72-73, *73*.
Tzara, T. 103.	Verlaine, P. 70, 79, 80.	Vollard, A 103.	Walt Disney 94.
Ubu 81.	Verne, J. 43, 63, 73-76, 75, 80, 92, 93, 121.	Voltaire 68.	Walter Scott 70.
V - W - Z	Vidal de La Blache 60.	Vox, M. 93, 104, 105.	Wells, H. G. 92, 93.
	Vie de Jésus, La 47, 68, *68*.	*Voyages extraordinaires* 76.	Wentzel 17.
Vallette, A. 80, 81.	*Vie populaire, La* 47.	*Voyages pittoresques et romantiques dans l'ancienne France* 22, 25.	Zig et Puce 94, *94*.
Valloton, F. 79.	*Vieille Fille, La* 45.		Zola, E. 37, 38, 47, 70, 80.

CRÉDITS PHOTOGRAPHIQUES

AKG photo, Paris Dos de couv. 13, 26h, 27, 75hd, 78, 98h. Archives Editions Gallimard 79, 80b, 82g, 82h, 82m, 84b, 85b, 85hd, 85hg, 85hm, 87, 113hg, 138, 139. Archives Gallimard Jeunesse 35, 63m, 74, 75b. Bibliothèque municipale, Rouen/ph. Didier Tragin, Catherine Lancien 12. Bibliothèque nationale de France, Paris 22hd, 26b, 30, 33m, 34, 37b, 40m , 41b, 44b, 49hd, 50, 63b, 66, 68b, 71h, 72, 80-81. Jean-Loup Charmet 16m, 19h, 29, 33b, 39, 41h, 42h, 45, 47, 51b, 52g, 53b, 59b, 60h, 62m, 65hd, 67b, 68h, 69, 76-77, 76h, 81, 88, 92h, 93g, 94-95, 100bg, 100mg, 100-101h, 100-101b, 101bd, 102h, 109. Collection ALG/Photo Patrick Léger, Gallimard Jeunesse 64hm, 84h, 94b, 104-105. Collection O. Zim/Ph. Patrick Léger, Gallimard Jeunesse 16-17, 43h, 60b, 61h, 63h, 64hg, 70-71. Collection particulière/Ph. Patrick Léger, Gallimard Jeunesse 17m, 20h, 54-55, 73h, 96, 105b, 110h, 111b, 112b, 112d, 113hd, 113bg, 113bd, 114b, 118bg, 118bd, 120, 121m, 122, 123h, 123b. Olivier Dion/ Reed OIP/Opale 2e plat de couv. D R 1er plat de couv., 19b, 118h, 129. François Dugué/Studio Image, Darnétal 32. Edimedia 100hg, 103b, 103h, 103m. Editing/Anne van der Stegen 127. Editing/Phillippe Schuller 11. Editions Grasset 83, 89d, 89g. Editions Maeght 102b. Editions Privat 38b. Erl/Sipa Icono 15. Gamma 126b. Gamma/Ch. Vioujard 126h. Gamma/G. Bassignac 116h. Gamma/Patrick Landmann 112g. Hachette Livre/Photothèque 54, 59h. Hachette Première 124g. Hergé/Moulinsart 1998, Bruxelles 110b. IMEC/Fonds Flammarion 38hd, 38hg. IMEC/Larousse 67h. Jean Lecointre pour *Libération* 108. Coll. Kharbine-Tapabor, Paris 14-15, 16b, 22-23, 22b , 49hg, 55, 56, 57, 62h, 64hd, 75hg, 76bd, 76bg, 76bm, 93d, 94, 97. Keystone 105. *L'Illustration*/Keystone 91h. Kipa/J.-P. Guilloteau 125h. Magnum/B. Barbey 114-115. Mission du Patrimoine photographique, Paris (fonds René Jacques) 106b, (fonds Roger Parry) 86. Photothèque des Musées de la Ville de Paris 53h (Cl. Ladet) 48-49. Rapho/P. Michaud 117, 119. Rapho/R. Doisneau 128. Réunion des Musées nationaux, Paris 22hg. Roger Viollet 36, 42b, 51h, 52d, 90-91, 95b, 98m, 99, 104, 107b, 107h, 111h, 115b, 130, 133, 134. Selva 80m. Collection Sirot-Angel 58-59, 70, 71m, 90, 140. Sygma 116-117. Sygma/B. Annebicque 124d. Sygma/R. Bossu 121b. Jean Vigne 14, 18-19, 20-21, 23h, 24-25, 28, 31b, 31h, 37h, 40h, 43b, 44-45, 44h, 46b, 46h, 64-65, 65hg, 72-73, 92b, 106h. Vu/Pierre Olivier Deschamps 5-6, 7-8. Vu/Gilles Larvor 144. Vu/Didier Lefevre 3-4. Vu/Michel Van den Eeckhoudt 9-10. © Adagp 1998 pour : Jacques-Emile Blanche, page 83; Adolphe Cassandre, page 88; Fernand Léger 100-101b et 102h; Maurice Denis, page 103h; Léo Fontan, page 92h; Maximilien Vox, page 92b et 105b; Joán Miró, page 102b; Paul Bonet, page 100bg; Pierre Bonnard, page 81; Pierre Lucien Martin, page 100 hg; Raoul Dufy, page 103m; Rose Adler, page 100-101h et 101bd.

REMERCIEMENTS

Bruno Blasselle et les éditions Gallimard Jeunesse remercient tout particulièrement Pierre Gilles Bessot, Mme Char, Mme Witkovski, M. G. Guilcher, Alain Gouessant, Catherine Fotiadi, Jean-Pierre Dauphin, Lili Phan et Alban Cerisier, le Service reproduction de la BnF. Ils remercient également tous les éditeurs représentés dans cet ouvrage qui nous ont aimablement accordé leur concours.

ÉDITION ET FABRICATION

DÉCOUVERTES GALLIMARD
DIRECTION Pierre Marchand et Elisabeth de Farcy.
COORDINATION ÉDITORIALE Anne Lemaire. GRAPHISME Alain Gouessant. FABRICATION Claude Cinquin.
SUIVI DE PRODUCTION Madeleine Gonçalvès. PROMOTION & PRESSE Valérie Tolstoï.
LE TRIOMPHE DE L'ÉDITION. HISTOIRE DU LIVRE, VOLUME II
EDITION Odile Zimmermann, assistée d'Elisabeth Le Meur. MAQUETTE ET MONTAGE PAO Vincent Lever (Corpus), Dune Lunel (Témoignages et Documents). ICONOGRAPHIE Caterina d'Agostino.
LECTURE-CORRECTION Catherine Lévine et Béatrice Peyret-Vignals. PHOTOGRAVURE Arc-en-Ciel.

Table des matières

I	**UN SIÈCLE DE TRANSFORMATIONS**
14	Lecture pour tous
16	Le colporteur ne passera plus
18	Les temples du livre
20	Le papier en bobines
22	La lithographie
24	«Voyages dans l'ancienne France»
26	Les féeries de l'image
28	Le réalisme photographique
30	Beaux cartonnages
32	Des imprimeries à l'échelle du siècle
II	**ÉDITEUR : L'ÉMERGENCE D'UN NOUVEAU MÉTIER**
36	Face à la contrefaçon belge
38	Des éditeurs à la mode
40	Qui est l'ennemi ?
42	Question d'argent ?
44	A suivre…
46	De moins en moins cher
48	Michel Lévy
50	Le livre est sur les murs
52	Le triomphe de la librairie
54	Hachette crée les bibliothèques de gare
III	**TOUTES SORTES DE LIVRES**
58	Une spectaculaire croissance
60	Des collections édifiantes
62	Education et récréation
64	L'imprimerie Mame, à Tours
66	Un nom pour les dictionnaires
68	L'édition littéraire
70	Le passé retrouvé
72	Instruire en amusant
74	Jules Verne
76	Reliefs et gastronomie
IV	**LITTÉRATURES**
80	Autour de la littérature
82	Gallimard et Grasset
84	Un nombre d'auteurs impressionnant
88	Le plus jeune écrivain de France
90	La multiplication des prix
92	Suspense
94	Babar et compagnie
96	Eternels manuels
98	Les ouvriers du livre
100	*Reliures*
102	*Livres d'artistes*
104	Comités de lecture
106	Des comportements équivoques…
V	**QUE SONT LES LIVRES DEVENUS ?**
110	La B.D. sort des magazines
112	Le livre désacralisé
114	«Bonjour Tristesse»
116	Le rôle de la distribution
118	Grandes et petites surfaces
120	Succès internationaux
122	Qu'est-ce qu'un livre d'art ?
124	A l'écran
126	Incertitudes
	TÉMOIGNAGES ET DOCUMENTS
130	Portraits d'éditeurs
134	La librairie
138	Le texte figuratif
140	L'incertain destin du manuscrit
144	Cet autre monde des livres
148	Glossaire
151	Annexes